感謝

株式会社エコス名誉会長
平 富郎

5坪の八百屋を
100店を超えるスーパーに育て上げた、
不屈の**創業者**からの**伝言**

日経BP

感謝

5坪の八百屋を
100店を超えるスーパーに育て上げた、
不屈の創業者からの伝言

はじめに

私は2022（令和4）年5月26日、スーパーマーケット、株式会社エコスの代表取締役会長を退き、2023（令和5）年5月25日、取締役会長執行役員を退き、現在は名誉会長です。

思えば、小学生のときから家業の八百屋の手伝いをし、中学を出たばかりの15歳でリヤカーに野菜や果物を積んで引き売りを始めたときから70年近く、ただ仕事のことだけを考えて生きてきた人生でした。その過程の中で、今の会社をつくり上げてきました。

これからの余生は、60年にわたって苦労をかけ続けた妻・光子のためだけに生きていこうと心に決めています。

八百屋の手伝い、リヤカーの引き売りから始めた商売でしたが、産地直送の八百屋をチェーン化し、そしてスーパーマーケットへと業態を変え、株式の店頭公開を果たし、さらに東証二部、東証一部に上場し、今やエコスは東証プライム市場に上場する企業になっています。現在、約8300人の従業員の方々に働いてもらっており、約1200億円を売り上げています。

都立第五商業高校の定時制課程に1年しか行かなかった無学な私が、ここまで来られたのは、ひとえに従業員のみなさん、出入り事業者のみなさん、そして何よりお客様のおかげだと感謝しています。

さらに私を支えてくれた妻をはじめとする家族、若いころ一緒に研鑽《けんさん》を積んだ東京・多摩の経営者仲間たち、人生の生き方や小売業のなんたるかを教えてくださった諸先生方。人と接し、人とつながり、人に学んで今の私があると実感しています。

そうしたみなさまへ感謝の気持ちを伝えたく思い、この本をしたためました。みなさまへの感謝の気持ちが、少しでも伝われば幸いです。

2023年10月吉日

平　富郎

目次

第2章 妻への感謝 子供への期待 37

第3章 地元の経営者仲間と切磋琢磨してきた 63

第4章 出入り事業者は恩人です

第5章 従業員に見せてきたこと、言ってきたこと

第6章 お客様には、商品とサービスで感謝を伝える

第1章

人生を変える恩師に巡り会えた

復員した父は働けなかった。母と小学4年生の私が一家を支えた

私は1939（昭和14）年1月22日、東京・立川市で生まれました。生家は八百屋を営んでおり、立川駅南口から歩いて数分の住宅街の中に店を兼ねた家がありました。店の屋号は、父・元吉の名前から「元」の字を取って「八百元」と名乗っていました。

あの時代、私、平富郎が八百屋をやれば「八百富」、魚屋だったら「魚富」と名乗ったでしょう。八百屋や魚屋の屋号は、みんなこんな付け方をしたものでした。

我が家は路地裏にあり、通りに面して5坪の店があって、その奥に6畳と4畳半の部屋と、台所、風呂場、便所がある平屋でした。

父は戦時中、召集を受けて戦地に赴いていましたが、終戦の1945年秋には復員してきました。各地を転戦したのち、終戦は長崎・五島列島で迎えたということでしたが、戦地でのことを語ることはありませんでした。

帰ってきた父は、精神的な疲労が蓄積していたようで、働く気力を失ってしまい、家で静かな生活を毎日送っていました。そんな父に代わって母・ハツが八百屋を再開したのは、私が小学4年生になった1949年ごろだったと思います。

東京・国立市の青果の卸売市場が再開されてしばらくたったころで、私も母を手伝って、リヤカーを引いて何度も市場に野菜を仕入れに行きました。自転車に乗って近所の家を御用聞きに回ることもありました。

そのころ、我が家は父と母、それに姉と私、妹と2人の弟の子供5人の計7人暮らしでした。父は相変わらず何をするでもなく過ごしていましたが、夫婦ゲンカをすることもなく、家はごく平和で穏やかな家庭でした。実は私の上に長男がいたようですが、幼くして亡くなってしまい、私は長男として育てられました。

子供の私でも
お客様からの応援がモチベーションに。
これが商人の原点

母が店を始めてから、私は学校から帰ると毎日、店番をやっていました。妹や弟はまだ小さく手がかかり、母は私が帰ってくると、すぐに妹や弟たちの世話のために奥の部屋に消えていきました。

私は、遊び盛りだったはずの小学生でしたが、店を手伝うことは一番年上の男の子として当たり前のことだ、と思っていました。手伝いが嫌だと思ったことはなく、むしろ買物に来てくれたお客様が「小学生なのに偉いわねえ」などと褒めてくれることが誇らしくありましたし、お薦め品を聞かれて「今日は白菜がいいですよ」などと答え、それが売れるといっぱしの商売人になったような気がして、うれしくもありました。

お客様が便利だと感じ、納得してくれ、私自身もうれしい。これが私の商人としての原点でした。

新聞配達で家計を助けても仕入れ資金が足りなくなる超貧乏生活も体験した

八百屋を開業したのはいいのですが、それまで商売をしたことがない素人の母です。どんなに頑張っても、さすがに7人の家族を養っていくなど、到底無理なことだったのです。

母が商売を始めて1年もしないうちに、仕入れのお金を確保するために家計にしわ寄せがいって、家はついに超の字が付くほどの貧乏になってしまいました。税金が払えないため税務署員がやって来て、タンスやらなにやらに〝赤紙〟を貼られたこともありました。その様子をぼうぜんと眺めながら、涙を流していた母の姿は今も忘れられません。私や妹、弟の学校給食費も滞るばかりでした。

何か自分にできることはないか――そう考えた私は、朝の新聞配達を始めることにしました。自分たちの給食費ぐらいは自分で稼いでやる。そう思った私は、朝4時起きで新聞配達に走り回り、学校が終わると店の手伝いをするという生活を、中学を卒業するまで続けました。

ですが、それでも八百屋の商売はうまく回らず、仕入れのお金もしばしば事欠くようになっていました。母は父に実家からお金を借りてくれるよう頼みましたが、父は嫌がって行こうとしません。仕方なく母は、自分の実家に借金を頼みに行っていました。

店で待っているだけではお客様は増えない。リヤカーで移動販売を始めた

中学を卒業したら、母と一緒に自分も八百屋をやる。中学3年になった私はそう心に決めていました。

ところが、母を交えた進路相談の3者面談でそう話すと、担任の先生からは「今の時代、高校ぐらいは出ていたほうがいい」と言われ、定時制高校に進むことになりました。進んだ先は都立第五商業高校（五商　東京・国立市）の定時制課程でした。

1958年、私は19歳で五商を卒業しました。ですが実は、高校には1年しかまともに通っていません。昼は仕事、夜は学校のはずが、夜も八百屋の仕事が忙しくなっていったからです。

高校に入った当初は、朝早くから夕方まで八百屋の仕事をして、夜は高校に通うという日々を送り始めました。

店の品ぞろえを増やし、売れ筋の野菜の仕入れを増やすなどの工夫をしたおかげで、売上は徐々に増えていきました。ですがこの程度では、借金の返済にまでは手が回らないことにすぐ気が付きました。お客様といえば家の近くの主婦がほとんどと、限りがありましたから、いくら安売りしたところで、お客様の数が大きく増えるようなことはなかったのです。

そこで、お客様が来るのを待っているだけではダメだ。自分からお客様をつかまえに行かないと——と思った私は、立川の住宅街に出ていって、野菜の引き売り（移動販売）をしようと考えました。

当時の商店では、仕入れなどの運搬用にオート3輪が普及していました。しかし八百元に、40万〜50万円（現在の価格で約２４０万〜３００万円　消費者物価指数換算）もするオート3輪が買えるわけもありません。私はなんとかお金を工面して、引き売り用に新しいリヤカーを９５００円（現在の価格で約５万７０００円　消費者物価指数換算）で買いました。店は母に任せて、リヤカーに野菜と果物を2段に積んで、立川の街に出て行きました。

オート3輪や4輪トラックではなく、リヤカーにしてよかった点もありました。当時の道路はどこもデコボコで、スピードの出るオート3輪や4輪トラックなどでは、当時まだサスペンションの性能が悪かったため、積んだ商品が傷んだのです。その点、ゆっくり進むリヤカーに積んだ商品は、傷むことがありませんでした。

リヤカーの引き売りをするのに、縄張り（販売可能エリアのルール）のようなものがあるわけではありませんから、あちこちの住宅街を歩き回りました。とはいっても、引き売りを始めてすぐに売れるわけもありません。「八百屋～」「八百屋でございい～」と声を上げながら住宅街を回っても、なかなか「八百屋さん！」とは声がかかりません。野菜が売れ残る日もしばしばでした。

それでもしばらくすると、ぽつりぽつりと声がかかるようになります。一度声をかけてくれた家の前は、必ず毎日同じ時刻に回るようにしました。

すると「待っていたわ」と出てきてくれる主婦のお客様が増えてきました。「あの八百屋さん、安くて新鮮よ」とでも声をかけてくれたのか、あるいは表で商売をしている声がだんだんと認知されるようになったのか、隣近所の主婦の方々も何人か出てきてくれるようになりました。お客様が、安い、新鮮でおいしい、便利と思ってくれるようになってきたのです。

こうなってくると、私のほうは、例えば卸売市場で珍しい果物を見つけたときに、「これは初物だから、あそこの奥さんがきっと買ってくれるだろう」と、お客様の喜ぶ顔を思い浮かべて仕入れることができるようになってきました。「これは高いイチゴだけれど、○○さんのところの子供がいい学校に合格したから、きっとお祝いにと買ってくれる。家族みんなで喜んでくれるぞ」「これはちょっと傷が付いた果物だけど、△△さんなら、安くすれば、お買い得だと喜んで買ってくれるはずだ」などと。引き売りしている中で、直接お客様とコミュニケーションすることで、お客様それぞれの細かなニーズが分かるようになったのです。今思えば、これは真のマーケットリサーチができていた、と言えるのではないか、と思うのです。

こうして常連のお客様が付いてくれるようになると、あてもなくあちこちの街を引

若き日のリヤカーでの引き売り。お客様、一人一人と対面するため、いつのまにか詳細なマーケットリサーチができるようになっていた

き歩く必要もなくなります。ここの公園、あそこの広場と場所を決めて、時刻も決めてリヤカーを引いていって、「カラン、コロン」と鐘を鳴らすだけで、お客様が集まってくれるようになりました。

私はこうして雨の日も雪の日も炎天下の日も、1日も休まずにリヤカーを引き続けました。

リヤカーの引き売りで借金を返済も学校に通えなくなった。これを一生続けるわけにはいかない

当時のリヤカー販売と私の生活をもう少し詳しく語ると、朝、家を出てまず駅前の朝市に出向き、前日に売れ残った野菜を安く売りさばいてリヤカーを空にします。その足で8時過ぎに卸売市場に仕入れに行き、仕入れた荷を引いて街の拠点と定めた公園などを回りました。

拠点回りが終わったら家に帰って食事を取り、夜学に行きます。

ところが、次第に売れる拠点が増えてリヤカー販売の時間が長引き、通学はするのですが、始業時間に間に合わないようになってしまいました。実は入学する前からそうなることは分かっていました――ので、無駄になるからと1時限目の授業の教科書

は買いませんでした。

結局、引き売りが忙しく、入学して1年過ぎたころにはまともに学校には通えなくなってしまったのです。それでも先生は私の事情を分かってくださり、みんなと一緒に卒業させてくれました。

自宅店舗のほうの売上はボチボチのままでしたが、高校を卒業するころには、リヤカーの引き売りで稼いだお金で母の実家から借りていた借金は全額返済しました。それに加えて、家族7人が住むには狭かった家を増築し、5坪だった店も12坪に広げました。

リヤカーの引き売りを始めて以降は、生活でお金に困ったことは一度もありませんでした。ですが、引き売りを一生続けようとも思っていなかったのです。

学校には行けなくても学べることはたくさんある。もともと計算には強かった

私は商業高校の夜学に1年程度しか通わなかった無学な男です。社会に出てサラリーマンとして社会を経験することもありませんでした。

ですが、学校に行かず、サラリーマン経験がなくても、学ぶ機会はそこかしこにいくらでもありました。商売を通して、お客様と会話し、また恩人、先生と呼べる人にも何人も出会って小売業のなんたるかや、経営のイロハ、人生の生き方を学ぶことができたのです。

例えばリヤカーの引き売りも、ただ野菜や果物を積んで、お客様の前に出て行くだけでは売れるものも売れないのです。

リヤカーの荷台に2段の商品棚を作ったのですが、これは商店やスーパーマーケットの売場と同じです。野菜と果物を、お客様に見やすく、取りやすく、買いやすいよう工夫しました。お客様のことを考えてディスプレーしなければ売れないのです。お客様には、商品を見てもらうだけでなく、要望や苦情などを聞き、それに基づいて品ぞろえをしたり、改善をしたりしました。

何が言いたいかといえば、引き売りの現場でも、あらゆる業界のマーケッターが実施するマーケティングリサーチと同じことを学ぶことができた、ということです。

商業高校（五商）の夜学には1年しか通えませんでしたが、商業高校では簿記や珠算、商業技術などの専門科目がありましたので、貸借対照表と損益計算書の見方を学ぶことができました。

ちなみに、引き売りのために間に合わない1時限目の授業の科目の1つに、簿記がありました。試験のときは、その3日前にクラスのガールフレンドから教科書を借りて必死に読み込んで試験に向かいました。なんとそのテストの結果は、クラスの男子の中で私1人だけが満点でした。

先生からは「授業に出たことがないのに、どうやって勉強したんだ」と聞かれたので、「教科書を借りてちゃんと勉強してきた」と答えると、先生は感心してくれたものでした。これが五商での私の唯一の自慢です。

ここで学んだ会計の知識は、その後の商人としての人生に大いに役に立ちました。五商に行ってよかったとつくづく思っています。

そろばんは小学生のころから店を手伝っていたのでもともとできていました。2ケタ3ケタの掛け算、割り算なら、そろばんを使わなくても暗算で瞬時にできました。お客様が野菜をハカリに乗せて、その針が止まった瞬間に「はい、いくら」と言えたのです。ですが、そろばんを使わずに「いくら」と言ったのではお客様が信用しないし、安心できないと思って、形だけそろばんを入れていました（笑）。

五商の伊東先生に人生を学んだ。先生が授けてくれた「寛容と忍耐」の言葉は今でも座右の銘にしている

五商には忘れられない、尊敬する、そして今でも感謝している先生がいました。伊東壮《たけし》先生です。一橋大学を卒業して五商で教諭を務め、その後、国立の山梨大学の教授を務めて、山梨大学の学長にまでなった方です。

伊東先生は私の通信簿に、「人生は寛容と忍耐の連続だ」と記してくれました。そして、「平君、君は真面目でよく働く。さらに寛容と忍耐を身に付けなさい。そうすれば何をやっても必ず成功するよ」と教えてくれました。

人生に大事なのは寛容と忍耐。本当にその通りだと思っています。

引き売りでお客様と接していたときは、私も10代の若者でしたからアイドルのよう

にかわいがってくれるお客様もいましたが、当然それだけではありませんでした。寛容と忍耐は必要でした。その後、スーパーマーケットを起こしたり、またよそのスーパーをM&Aしたりして、それまで知らなかった社員や出入り事業者など、さまざまな人と触れあう節目節目で、つくづく感じてきたことです。

寛容とは許すこと、忍耐とは我慢することです。当時の私は、確かに気が短く、即断即決で行動するタイプでしたが、決してケンカ早いわけではありませんでした。そんな私になぜ先生はこの言葉をおっしゃったのか。

そもそも私は、超貧乏で苦しい家庭で育ってきました。着ている服を見るだけでそれは分かります。親戚からばかにされ、近所の人からも同様であったと思います。引き売りをするときは小ぎれいな格好をしなければ売れるものも売れませんから、こざっぱりした服を着ていました。それでも、お客様から蔑《さげす》まれていたように感じていたものです。

子供のころから、寛容と忍耐を実践しなければ生きていけないような暮らしの中で育ってきた私です。ひょっとすると、若い私の表情や言葉の端々に、世間に反発する

子供のころから、寛容と忍耐を実践しなければ生きていけないような暮らしだった。だからこそ、心して「寛容と忍耐」を続けることは人生の指針になり、座右の銘になった

ような何かが、先生には見て取れたのかもしれません。

　五商に通っていた10代後半から今日まで、伊東先生が教えてくれた「寛容と忍耐」。この言葉は私の人生の指針になり、座右の銘になりました。決して忘れてはならないと、自分で揮毫《きごう》して額に納め、常に自らを戒めています。

　伊東先生には、個人的にも大変お世話になりました。

　私には昭男という4歳年下の弟がいます。彼は中学を出ると全日制の普通高校に通っていたのですが、そのころ私はちょうど総合食品店の出店を計画していて、昭男を私と同じ五商の定時制に転校させて、昼は店の手伝いをさせていた時期がありました。

その昭男が、高校を卒業するころになって、大学に進学したいと言い出したのです。昭男の担任も伊東先生で、先生から「明治大学の商学部に行きたいと言っている」と聞きました。今は分かりませんが、当時の定時制の授業科目には、進学向けの英国数の授業がありませんでした。定時制から大学に進むには、少なくとも1年浪人して英国数を勉強するしかなかったのです。

私が先生に、我が家には昭男を浪人させる金の余裕がないというと、先生は「分かった。じゃあ私が行けるようにしてあげよう」とおっしゃってくれたのです。放課後に英国数を教えようというわけです。大学進学を目指す定時制の学生が弟のほかに2～3人いて、先生はまとめて家庭教師をしてくれました。しかも無料で、です。

結果、昭男は明治大学商学部に現役で合格しました。五商の定時制から明治の全日制の商学部に現役で進んだのは、学校始まって以来のことと知らされました。私が諦めた進学の道を昭男がかなえてくれました。

昭男の大学合格は本当にうれしくて、私も伊東先生にお礼に伺い、その際、「いつか先生と奥さんをハワイ旅行に招待しますから」と言ったことを昨日のことのように覚えています。ただ本当に残念なことに、広島出身の伊東先生と奥さまは、共に中学生時代に被爆されていて、私がハワイにお連れする前にお二人とも亡くなられてしまいました。伊東先生は、日本原水爆被害者団体協議会の代表委員なども務められていました。

元新潟大学教授・川崎進一先生には「論理なき行動は暴走」だと学んだ

私が生涯、先生と慕う人物は、伊東先生のほかに3人いて、彼らにも感謝してもしきれません。伊東先生が人生の先生なら、残りの3人は商売の先生です。

その1人が川崎進一先生です。川崎先生は新潟大学の教授などを務められ、のちに東洋大学の名誉教授になられたほか、ジャスコの常任監査役も務められました。米国商業史を研究テーマにされた方でした。

私は18～19歳ごろから、商人向け雑誌の『商店界』（誠文堂新光社刊）と『商業界』（商業界刊）を毎号購読して、これからの近代的な小売店はどうあるべきかを必死に勉強しました。商業界が主催するセミナーには、20代から30代にかけて毎回出席し、川崎先生とはセミナーでお会いして親しくなりました。

川崎先生からは「論理なき行動は暴走である」ことを教わりました。

そのころ私は、文字通り寝る間も惜しんでがむしゃらに仕事をしていました。そんなことを先生にも話したことがあったのでしょう。あるとき先生は私に、「平君、君は本当に実務に強いけれど、いくら働いても経験だけでは勝てないよ。論理なき行動は暴走になってしまう。だから論理を勉強しなければいけない。もちろん、知識だけでも勝てない。働くことで得た経験と、勉強することで得た知識の2つが知恵を生み出す。この知恵が企業を成長させるのだ」とおっしゃったのです。

私はそれから、がむしゃらに仕事をしながらも、猛烈に勉強しました。さまざまな経営関連の書籍や、人間関係の本などを読み漁りました。

ある本に、人間にとって一番大事なのは人間的偏差値だ、とありました。人間的偏差値とは心の問題のことです。人のすべての中心は心ですから、人間的偏差値で負けたら、どんなことであれ勝つことは絶対にあり得ないという理論です。

「心こそ　心迷わす心なれ　心に心　心許すな」

これは沢庵禅師の言葉ですが、これも非常に勉強になります。人は一時の感情によって本来の心が惑わされるものです。本当の心を見失わないように、一時の感情に気を付けろという心の教え。自分の人生の経験と照らし合わせて、心の有り様の大事さを学びました。そしてこの人間的偏差値は、伊東先生の言う「寛容と忍耐」によって高められるのだと確信しています。

川崎先生のセミナーは必ず聞きに行ったことはもちろん、川崎先生が同行された米国のスーパーマーケット視察旅行にも参加しましたし、我が社単独で米国視察旅行にも何度も行きました。

とはいっても、たまに1週間程度滞在するだけでは深いことまでは分からないものです。英語もできませんから、旅行代理店の担当者に通訳をお願いするのですが、彼らは、英語はできてもスーパーマーケット業界の専門知識がありません。そのため、私が聞きたいこと、知りたいことを正確に通訳したかどうかも分かりません。それでも私には、実践がありましたし、理論も学んでいたので、何度も視察することで大いに学ぶことができました。

「競争とは社長を磨く砥石である」とは元通産官僚・林信太郎さんからの言葉

次の先生は林信太郎さんです。通商産業省（現・経済産業省）の元官僚で、ジャスコの副会長も務めた方です。林さんからは「競争とは社長を磨く砥石である」と学びました。

林さんと出会ったのは、私が50代半ばのころで、全国のスーパーが会員になってい

小売業にとって競争は宿命。競争があるから磨かれ、成長がある。大手スーパーが隣接していても真っ向から戦ってきた。写真はTAIRAYA拝島店

て、スーパーマーケットの経営についての研究や研修会、商品の共同仕入れなどを実施している協同組合セルコチェーン（東京・国立市）の理事長に就任した1995年ごろのことでした。そのころ林さんは、小売店の業界団体、日本ボランタリーチェーン協会の会長を務めておられ、私がセルコの理事長にならなければお目にかかれなかった方です。

林さんは、「平君、小売業にとって競争は宿命だ。自分から買ってでも出ていかなくてはいけない。どんな相手でも積極的に自分から競争に

参加しなさい。社長も会社も、社員も、競争があるから磨かれ、成長をもたらすのだ。弱気になって競争を避けると戦いのリングの場外に飛ばされるだけだ」と鼓舞激励されました。

私はそれまで、大手が進出してこようが、逃げることなく真っ向から戦ってしのぎを削ってきました。

ですから林さんの言葉は、まさに我が意を得たり、と受け止めました。そして、自分のやり方が間違っていなかったのだと自信を深めました。小売業にとって競争はまさに宿命なのだと、後に続くすべての従業員たちにずっと伝えていきたいと考えています。

祖父からは「正しい商売」を学んだ。恩師がいなければ今の自分はなかった

そしてもう一人の先生が母方の祖父・佐伯理右ェ門《りえもん》です。高校の伊東先生は、人生には、寛容と忍耐が必要だとおっしゃいました。では、人間として、商売人としてほかに必要なものは何か。それは「正しい商売」だ、と教えてくれたのが祖父です。これは、私がリヤカーの引き売りを始めたころ言われた言葉で、今も我が社、エコスの社是として掲げています。

正しい商売とは、損得より善悪を優先するということです。それは人間の在り方の基本であって、商売も同じだと。正しい商売で心がけなければいけないことは、「言動一致」。言っていることとやっていることが同じであるということです。

心がけが必要なことはほかにもあります。若いころから実践で実感してきた、お客様の得することの大切さを忘れてはいけないのはもちろんですが、従業員の得すること、出入り事業者の得すること、店のある地域社会に貢献することです。常にステークホルダーが得することを考え、実行すること。それが商売人にとっての正しいことであり、その結果が今のエコスにつながっています。

そして、自分が実践してきて分かったことにプラスして、私に正しい商売の基本を教えてくれたのが『商店界』と『商業界』という雑誌だったのです。この2誌が正しい商売の在り方を補完してくれたと思っています。

伊東先生、川崎先生、林さん、そして祖父。この4人の教えが縦横に絡み合って、私が出来上がったのだと思っています。

第2章

妻への感謝　子供への期待

先進的な小売業、スーパーをやってみたかった。野菜と乾物のセルフサービス店を開業

店でお客様が来るのを待つのではなく、お客様を求めて立川の街を巡り歩いたリヤカーの引き売りは、確かに儲かりました。

引き売り商売だけで、家族が生活していくには困らない稼ぎが手に入りました。ですが引き売りは、夏は炎天下で暑く、冬は手が冷たくてたまりません。こんな商売、一生するものではないと、早い時期から思っていました。

18～19歳のころ、貪るように読んでいた専門雑誌『商店界』には、時折、米国の小売業の紹介記事が載っていました。特に私の目を引いたのが、スーパーマーケットの小売業態でした。

当時は夢の店舗だった米国のスーパーマーケット。専門誌や現地視察で学んだ

もう何十年も当たり前の小売業態となっていますが、当時は、広い店内に生鮮食品、一般食品、日用雑貨などがショーケースにきれいに並べられていて、お客様が自分で欲しい商品を選んで店備え付けのカゴに入れ、最後にレジに行って精算するという、この大型店舗に憧れたのです。

改めてスーパーのメリットを書き連ねても、今では当たり前過ぎてピンとこないかもしれませんが、お客様にとっては、1軒の店に行けば欲しいものが何でも手に入るのです。商品を自分で選んで最後にまとめて1回精算すれば買物が終わります。一方の店側にとっても、極論すれば接客はレジで対応するだけでかまわないのです。

専門誌にはこのような紹介記事が、ふんだんな写真と共に誌面に載っていました。当時の私からすれば、まさに夢の小売業態がそこにあったのです。

今でもありますが、当時日本には、1つの建物の中に壁で区切っていくつもの異なったカテゴリーの商品を売る小売店が集まった小売市場が多くありました。よくあるのが、新興住宅地の中に建てられた小さなショッピングセンターのような施設です。

1つの建物の中でいろいろな商品が買えるのはスーパーマーケットのようで便利でしたが、各店とも自分で選んでピックアップして最後に精算するのではなく、基本的には店主と相対で商品を選び、精算も各店ごとにしなくてはいけません。スーパーとは全く異なる小売スタイルでした。

当時、おそらくスーパーマーケットはいずれ日本でも広く普及するだろう。雑誌にはそう書いてありましたし、私もそうなるだろうと思いました。なんとか八百屋から抜け出してスーパーを経営したい。そう思うと若い私の体は熱くなりました。

ですがこのころの私に、米国のスーパーマーケットのような大きな店舗を持てるわけもありません。鮮魚や精肉を扱うノウハウも持ち合わせていませんでした。でも、なんとかスーパーに一歩でも近づいた店をやりたい。それにはどうしたらいいだろうかと考え、思い付いたのがまず形から入ることでした。

私は青果物しか扱ったことがないのですから、最初から鮮魚や精肉などまで取りそろえるのは無理です。そこで青果物だけをスーパーのようなショーケースに並べて、お客様に自分で選んでもらい、最後にレジスターでまとめて精算する、ちょっと近代的な店を作ってみるのはどうかと考えました。

そこで、今の八百屋の店舗をどう設計し直すべきか、専門家にも話を聞いてみたいと思いました。このとき、雑誌で米国のスーパーを視察して記事を書いたのが建築士の先生だったことを思い出して、その先生に設計を頼もうと、強引に雑誌編集部を訪ねました。

ところが記事の編集担当者は、「先生は八百屋の設計などしません」とにべもありません。それでも、ほかに頼るあてもない私は編集部に頼み込むしかありませんでしたので、何度も編集部を訪れました。すると根負けしたのか、編集部の人が記事を書いた建築士の弟子の建築士を紹介してくれました。

自宅の八百屋を、12坪に広げ、青果物と乾物を置いて、お客様が店内を回り好きな商品をかごに入れ、最後に精算するという店舗にした。スーパーマーケットの走りだ

こうして出来上がった、形から入った店舗は、間口4間の12坪しかない店です。それでも青果物だけ置いたのでは寂しいので、少しでもスーパーらしくと、乾物も何種類か置きました。店内に置いたショーケースには青果物と乾物がきれいに並べられました。

入り口に買物カゴをそろえるところまで手が回りませんでしたので、代わりに竹のザルを積んでおきました。お客様には、それを手に取ってもらって、店内を回ってもらいました。そして、お客様自身がショーケースから欲しい青果物などを取ってザルに入れ、出口そばのレジスターで店員がまとめて精算したのです。

八百元から「たいらや」へ転身。だが、すぐに競合がやってきた

1959年3月、青果物と乾物をそろえただけの店でしたが、この店舗を〝総合食品店〟と名乗って、「八百元」の屋号を変えて「たいらや」としてオープンしました。私はちょうど20歳になっていました。

父親の名前を冠した店名を変えたのですから、家族はもちろん親戚中から反発を食らいました。ですが、八百屋から脱却を図り、夢のスーパーマーケットへの第一歩を踏み出すのだから、屋号もそれにふさわしいものに変えなければダメだと言って押し切りました。

開店資金は自己資金だけでは足りず、母の実家に再び借金し、さらに信用金庫、国

民金融公庫からも融資を受けました。

たいらやがオープンすると、前もって開店チラシを撒《ま》いていたこともあり、お客様は結構集まってくれました。私と母親だけでは店は切り盛りできず、かといって店員を雇う余裕はありませんでしたので、全日制の高校生だった弟を夜学に通わせることに変え、工場に勤めていた妹は会社を辞めさせて手伝わせました。

しばらくすると雑誌『商店界』、そしてＮＨＫ教育テレビ（現・Ｅテレ）が取材に来てくれ、小学校の社会科の教科書でも紹介されました。小さいながら、お客様が商品を選んでピックアップするセルフセレクション方式が採用され、レジスターを使った1カ所精算を導入した新しいお店、日本ではまだ珍しいスーパーマーケットのような店だ、といった内容の紹介でした。テレビが放映されると、お客様はさらに増えました。

私はこれまで数多くの店を出店してきましたが、一番思い出深いのがこの、総合食品店・たいらや1号店です。ただ店を出店しただけでなく、自分で暗中模索しながら考え、工夫した新しいスタイルの店が、お客様に受け入れられたことが何よりうれしかったのです。

とはいえ、もともと住宅街の路地裏にあった店です。テレビの放映があったからといって、お客様があふれかえるほど来るようなことはありませんでした。それでも売上は順調でした。

ところが開店から半年ほどしたころ、たいらやのすぐ近くの立川駅南口の大通り入り口に「全農（全国農業協同組合連合会）」の直売所がオープンしました。さらに半年もしないうちに、立川駅南口に生鮮3品などを備えた本格的な食品スーパーが出店してきました。

これら大型の競合店を前にしては、当時のたいらやに勝ち目はありませんでした。いつまでも店を続けて赤字を垂れ流すことはできません。開店から2年、借金を抱えたまま総合食品店たいらやをスパッと閉店しました。

どうすれば競合に勝てるのか――競合のいない産地卸売市場で仕入れて産直ビジネスをスタート

たいらやを畳んだ私に何ができるかといえば、元の引き売りしかありません。ですが時代はすでに60年代、もうリヤカーでの引き売りの時代ではありませんでした。立地が悪い今の店舗を使って、いなげやなどの大手に対抗して八百屋をやっていくにはどうしたらいいのか。

「安売りしかない」

それには、近隣の八百屋のほとんどが仕入れている、今までと同じ国立市の卸売市場で仕入れたのでは、他店と差別化できるほどの安売りは難しく、無理して安売りをすれば利益は薄くなって、商売が立ち行かなくなることが目に見えていました。

「別の仕入れ先から仕入れる。もっと産地に近い市場ではどうか」

野菜や果物の生産地にある卸売市場まで自分で仕入れにいってそれを店で売ることを考えました。

大きな経費として、仕入れに行くための4トン半のトラック1台の購入代がかかりますが、自分が運転して仕入れに行くのですから、このほかはガソリン代に自動車保険代がかかるぐらいで、日々の経費は大したことありません。

卸売市場（流通経路）を1つ飛ばすのですから、大手といえども手が出ない安売りができるはずだ――私はそう考えたのです。

屋号は「たいらや」から「たいら屋」と変えました。

まず仕入れに向かったのは、長野県岡谷市にある、夜間も開いている青果の卸売市場でした。夜、立川の店を閉めてからトラックに飛び乗って市場に向かい、青果物を仕入れて立川の店に戻ると深夜2時を過ぎていました。荷物を降ろすと、岡谷の卸売市場には置いていなかった、足りない野菜等を仕入れに朝の6時ごろに国立の卸売市場に向かいました。

仕入れにいった地方の市場は長野だけではありません。ブドウやモモの季節には山梨の、三ヶ日ミカンがおいしい季節は静岡の卸売市場など、季節ごとに旬の野菜や果物を仕入れに各地の卸売市場に向かいました。

いわば「産直」といえる商売です。この商売は大当たりしました。粗利を15％取っても、どこの店よりも安く売ることができたのです。国立の市場では、競りで売れ残った半端物の青果もまとめて安く買いました。それらは市価の半値で売っても、2倍の粗利を稼ぎ出しました。

産直品は、前日の朝に農家で収穫され、夜の市場で仕入れたものを翌朝、立川の店で売るのですから新鮮そのものです。

「たいら屋の野菜や果物は安くて新鮮」

そのような評判が立川の主婦たちの間で広まり、大勢のお客様が来るようになりました。すると産直品だけでなく、国立で仕入れた品物もほとんどその日のうちに売り切れるようになりました。たいら屋は、八百元時代や「たいらや」時代を上回る繁盛店になりました。

こうなると立川の1店舗だけの商売では逸失利益が大きいのではないか、という気になります。

そこで私は、多店舗化するための物件探しを始め、2年後の1963年に、国立市に八百屋の居抜き物件を見つけ、2号店を出店しました。この店も、新鮮な産直品が安く買える店として、近隣の主婦などに評判となって順調に売上を伸ばしていきました。ここでもお客様に喜ばれたのです。

産直店の成功で、総合食品店・たいらやの設立時につくった借金はすべて返済し終わりました。そして1965年12月、資本金100万円で有限会社「たいらや商店」という名称で会社を設立しました。これでようやく個人商店から脱却することができました。代表取締役には、父・元吉に就いてもらいました。

隣の美容院に勤めていた妻・光子。商売が軌道に乗ってからの再会で結婚も即断即決

私が家内・光子と結婚したのは1963年3月でした。私が24歳、光子は23歳でした。

光子は八王子の米屋の娘でした。昔の米屋は免許制でしたから、貧乏八百屋の我が家などより、よほど家柄は良かったと思います。ですが光子は中学を卒業すると、我が家の店の隣にあった美容院に住み込みで働いていました。私とは毎日のように顔を合わせていて、いわば幼なじみのような存在で、当初は、恋愛感情などは感じていませんでした。

それでも二人とも若い年ごろですから、いつしかお互いがお互いを気にするような

存在になり、ごく自然と付き合うようになりました。

高校に入ってすぐ、私は貧しい家を支えようとリヤカーの引き売りを始めていますから、好きだのなんだのいっている暇もなくなっていました。ある日、私は光子を呼び出して、

「みっちゃん、俺、ちょっと今、みっちゃんと付き合っている余裕がないんだ。家族を食えるようにするまで、付き合うのをやめたい」

と言いました。

食えるようにするまでとは言ったものの、このような何年先になるかも分からない話など、光子からすれば「別れよう」と引導を渡されたような気になったことと思います。相手のことなど何一つ考えていない、ずいぶん身勝手な言い分でした。

それからの私は馬車馬のように働き、引き売り一本で家族を食わせていけるようになりました。ていの悪い借金も返済し、このころに引き売りの次の商売をどうするか考えるようになっていました。しかし、光子とは別れたつもりで、すっかり忘れていました。

付き合うのをやめようと言ってから3～4年たったある日、家の前を光子が行ったり来たりしている姿を見ました。その姿を見た私はハッとして、家を出て光子の前に立って、こう言いました。

「なんだ、お前まだ嫁に行ってなかったのか」

すると光子は「まだ行っていません」と答えました。

「そうか。じゃあ、また付き合おうか。どうやら仕事のほうも軌道に乗ったから」と答え、再び付き合うことになりました。

ある日、2人で花見に出かけたときのことです。別れ際に光子が私に、「これ、お小遣いにして」と1000円札を渡してきました。私が「いいよ」と断っても、光子は「あげる」と答えました。自分に余裕があるわけではないのに、その中から工面して私に使ってくれというのです。いつか返してもらおうなどとは思ってもいない様子です。そのいじらしさに心が打たれました。

「じゃあ、結婚でもするか」

甘い言葉など言えない私がそう言うと、光子もうなずき、お互い結婚を決めました。

即断即決で結婚した妻・光子とは、長い間、ずっと一緒に大きな山を登ってきた

ところが、光子の実家に結婚を申し込みに行くと、彼女の両親は大反対でした。当時の光子はあまり体が丈夫ではなかったこともあり、貧乏八百屋の私の元に娘を嫁がせることを心配したのでした。そんな両親の反対を押し切っての結婚でした。

若くして引き受けた民生委員の仕事もよくサポートしてくれた妻。今は二人でゴルフを楽しんでいます

結婚してから、家内には店の手伝いをしてもらいました。

昔の商店はどこもそんなもので、結婚すると妻は店の仕事を手伝うのが当たり前でした。すると、家内にとってはそれが適度な運動になったのか、弱かった体もずいぶんと丈夫になりました。10年ほどすると従業員も増えてきて、家内には仕事からは離れてもらい、家事に専念してもらいました。

結婚して以来、私は家内に、家内の実家が心配したような、金の苦労はさせたことは一度もありませんが、私が家内に一番感謝しているのは、とにかく結婚してこの方、真面目に私に寄り添ってくれたことです。

仕事のことにかかり切りの私に不満を言うこともなく、3人の子供を育て、私の妹や弟ともちゃんとうまく付き合ってくれ、生涯を通して家庭を守ってくれました。

話は少し変わりますが、私は38歳のときから、東京都の民生委員を務めることになりました。

民生委員といえば、高齢者の方が務めているイメージだと思います。民生委員は地域の高齢者や障害者、児童、ひとり親家庭などのうち援護を求める方たちの相談に乗ったり、支援したり、地域のさまざまな行事に協力する、ボランティアでの地域の世話人です。

町内の有力者から、「うちの町内に民生委員がいなくて困っている。あんたやってくれないか」と頼まれたことが民生委員になったきっかけでした。

その場は、学校もろくに行っていなくて読み書きさえできないからと断ると、「そんなことはできなくたって構わない。困っている人を助けようという気持ちが大事なのだから、ぜひ」と、少々強引な勧誘がありました。

このとき、昔、弟が子供だったころ盲腸になってしまい、苦しんでいたのにお金がなくて、病院に連れて行けなかったことを思い出しました。私は、当時近所にいた民生委員のところに走って助けを求め、弟を入院させて手術してもらうことができたという思い出です。そのとき、困っている人は助けなければいけないんだと実感したことも思い出し、引き受けたのです。38歳の民生委員は、やはり東京で最年少だったそうです。

このころは八百屋のチェーン化を進めると同時に、スーパーマーケット業にも進出したばかりで、私はいくら時間があっても足りないほど忙しくてしょうがない時期でした。

民生委員の活動に割ける時間がなかなか取れず、あらゆることを家内が手伝ってくれました。家内のおかげで、私は後に長年にわたって民生委員の活動に尽力したとして、東京都知事から感謝状を拝受しました。

とにかく家内は私のために、家族のためによく働いてくれました。

70年代から80年代にかけて、私が30歳代から40歳代のころは、会社は軌道に乗って従業員も育ち、私が1～2週間いなくても仕事に支障がない体制ができていたので、

晩年は妻に尽くすため、共通の趣味を持った。パソコンか英会話も考えたが、ゴルフにした

私は妻への感謝の気持ちを込めて、二人で頻繁に海外旅行へ出かけました。米国本土やハワイから、ドイツなどのヨーロッパ各国を巡るなど、行っていないところはないくらい家内を海外旅行に連れて行きました。

2006年に67歳のときに長男の邦雄がエコスの社長に就任してからは、認知症予防のために家内と二人で何かをやろうと相談して、70歳からゴルフを始めました。パソコンか英会話をやろうとも考えたのですが、二人のうちのどちらかがついていけなくなるとつまらないのでゴルフにしたのです。家内に「ゴルフはどうだ」と声をかけると、すぐ「やりたい」と返事をしてきました。

認知症予防のために始めたゴルフでしたが、80歳のときにホールインワンを達成。周りの友人はみな「まぐれだ」と言うから、私も「そりゃそうです」と応えていましたが、実際は違います。狙って入れたのです（笑）。ゴルフであれ何であれ、狙わなければ何もできません。

子供たちが今、エコスを支えてくれています。儲かっていれば子供たちは後を継ぐもの

私たち夫婦は、3人の子供に恵まれました。長女と次女、それに長男です。

前述しましたが、長男の邦雄には今、エコスの社長をやってもらっています。私もそうですが、家業を起こしたり、事業を継いだりした者は、誰でも子供に後を継いでもらいたいと思うものです。それにどこの子供だって、親が儲かる商売をやっていれば、後を継ぐ気になるものです。事業承継に問題を抱えている会社は、苦労ばかりしている親の姿を見せているのかもしれません。それでは、誰も後を継ぎません。

我が家では、子供が物心付いたころには安定した商売をしていました。お客様に喜んでもらって、私たちも幸せになっていたのです。

私が30代~40代のころは、家内を連れて世界中を旅する姿も子供たちは見ていました。子供のころから家の商売が順調であれば、それは継ぐ気にもなります。長男の邦雄と次女の典子は、子供のころからスーパーの経営に興味を持っていたようでした。

1968年生まれの息子は、大学も早稲田大学の商学部を選び、1991年に卒業してダイエーで3年間お世話になってから、エコスに入社しました。

息子が取締役だったときに米国カリフォルニア州のナショナル・ユニバーシティ経営大学院に3年半留学させました。1999年にMBAを取得しています。

これからは、息子と娘が力を合わせて、これからのエコスをよりよい会社にしてくれるだろう。後ろ左が息子の邦雄、同じく右が娘の典子

私も米国で学びましたが、スーパーマーケットは米国が発祥ですし、21世紀を目前にして、いずれIT（情報技術）時代がやってくることが目に見えていました。そこで、これからのスーパーマーケットはITをどう経営に活用していくのか、米国の先端事情も見ておいてもらいたかったことも留学させた理由です。

嫁さんと子供1人の3人でアメリカに渡った息子は、向こうで子供を1人授かり、3年半後に4人で帰ってきました。帰国するとすぐに常務に昇格させ、2006年に社長に就けました。

体育大学出身で男勝りな性格で1966年生まれの次女・典子は、学校を卒業すると、私の古くからの経営者仲間がやっているスーパーマーケット「すえひろ」と「さえき」の2社で学んだのち、1995年にエコスに入社し、2014年にエコスグループの「たいらや」の社長に就任し、2017年からはエコスの副社長も兼務しています。息子と娘が力を合わせて、これからのエコスをよりよい会社にしてくれることでしょう。

ちなみに、長女の清美は、スーパーマーケットの経営には関わらず、結婚して幸せな家庭を築いています。

第3章

地元の経営者仲間と切磋琢磨してきた

産地直送の安売り八百屋、「たいら屋」が2店成功し多店舗化を推進

産地直送の安売り八百屋「たいら屋」は、地元の立川店に続いて、土地勘もない国立店でも成功しました。

このことで、さらに商品を大量に仕入れることができれば仕入れ単価をもっと下げられ、安売り八百屋の成功を盤石なものにできる、と私は確信しました。それには販売する店舗数を一気に拡大する必要があります。そこで「たいら屋」のチェーン展開を次の目標にしました。

国立に出店した後、事業資金の確保や物件情報の収集、前述した小売市場の環境調査などを進めて、1969年に満を持してチェーン化を始めました。まずは、三多摩

各地域の小売市場などにテナントとして出店することを狙いました。

まず、立川市錦町のフードセンター「うおぜん」内に錦店をオープン。さらに立川市柴崎町に柴崎店、小平市花小金井の「デイリーストアー」内に花小金井店と、この年、一気に3店をオープンしました。多店舗化すると、当然人手が必要になります。弟や妹たち家族だけでは手が回らなくなり、社員を雇うようになりました。このあたりから、家業から企業への転換が始まったといえます。

2年後の1971年には「ストアー・ママの店」（東京・立川市）に柴崎2号店、「スーパー・シマヨシ」（東京・日野市）内に日野店、1973年には「西武・フラワーヒル」（埼玉・狭山市）内に狭山店、「スーパーまつきや」（東京・羽村市）内に羽村店、それに立川駅北口のダイエーの横の駐車場にテント張りの仮設の売場として出店した露店の曙店、1974年には「村山団地コロコロセンター」（東京・武蔵村山市）内に村山店など、1977年にスーパーマーケット第1号店を出店していたのですが、それでもなお、たいら屋の出店はやめず、1980年まで出店を続けました。

たいら屋の中で爆発的に売れたのが、大手スーパーの横に立てた露店の曙店です。

オープンすると、日経流通新聞（現・日経ＭＪ）が「八百屋のディスカウント店、現る！」とトップ記事で紹介し、テレビでも取材されました。

毎日、１～２点の超目玉商品を用意して、大手スーパー開店の10時と同時に店を開けます。するとお客様がダーッとなだれ込んできて目玉商品の奪い合いになりました。この店だけで１日１００万～１５０万円を売り上げました。

もちろん、すべてのチェーン店が成功したわけではありません。立地などによって売上が思うように上がらない店はすぐに損切りして閉店しました。２号店としてオープンした国立店も、10坪という売場の狭さが致命的でその後売上は伸び悩み、１９７２年に閉店しました。

八百屋の〝意識が高い〟後継ぎが私のもとに集まってきた。地域のために共同戦線を張る

たいら屋が軌道に乗ると、近隣の八百屋仲間の間で、私がやり手だとか、八百屋の枠を突き抜けた実業家だなどという評判が立ったようです。私に話を聞こう、私と話をしようと訪ねてくる人が何人か出てきました。みな親から八百屋を継いだような、私と同年代か少し上、あるいは少し若い青年たちばかりでした。

私たちの一世代前まで、八百屋や魚屋のように日銭の入る商売をしている経営者の多くは、仕事を終えるとその日の売上を懐に入れて、「飲む・打つ・買う」に走るような人がほとんどでした。

ですが、私のところに集まって来た仲間たちは、スーパーマーケットが出現して全

国に進出し始めているこの時代に、これからの八百屋は、個人商店は、どうやって生き延びるべきか、業態変更するべきかといった、私と共通の危機感や問題意識を持った人たちがほとんどでした。

彼らが我が家に集まってくると、その場は勉強会のような様相になりました。ひとしきり彼らの話を聞いた後、私は雑誌を読んで得た情報や、気になった記事のことを話したりしていました。私は商業界が開くセミナー合宿に毎回のように出席していましたが、そこで学んだことを話すこともありました。そのうち、一緒にセミナーに参加する人が何人も出てきました。

ちょうどそのころ、三多摩の八百屋で、私と同じように産地直送の安売りを始めるところが出てきました。競争は歓迎すべきですが、中には産直安売りのプロである私が見ても、採算度外視でシェアを広げて、周辺の八百屋を潰そうとしているのではないか、と思えるほどの低価格で売っているところもありました。周りの八百屋も負けじと安売り合戦を始めたら、共倒れにもなりかねません。

不毛な争いを避ける策はないか――そこで私が考えたアイデアが、果物の「共同仕入れ」でした。嗜好品である果物は、生産者が値崩れを防ごうとして、産地の市場でもなかなか安く卸してくれません。八百屋にしてみれば、果物はある程度利幅を大きく取れるので、野菜の小さな利幅を補う格好の商材です。

三多摩の八百屋が共同で果物を仕入れれば、仕入れる量が大きくなるので、ある程度値段を下げて仕入れられる。そうなれば、少なくとも利幅の大きな果物で不毛な戦いは避けられる、というわけです。

私はある日、我が家に集まったメンバーに、果物の共同仕入れの組合をつくらないか、と提案しました。長野県や山梨県、静岡県など近隣の果物産地の卸売市場に、収穫時期ごとに大型トラックで乗り付けて大量に仕入れ、それを各店で分配して売るというシステムです。

これに賛同してくれた八百屋の「カネマン」「すえひろ」などと一緒に、1970年8月に株式会社立川フルーツを設立し、私が代表取締役に就きました。立川フルーツでは、みんなを引き連れて長野のリンゴ農家や卸売市場、静岡のミカン産地や卸売市場などへ見学に行き、産地直送の方法などの勉強会も開きました。

自分、家族のために必死に働くことから地域のために働くという考え方も芽生えた

私はこれまで、自分の子供時代の超貧乏な暮らしから抜け出すために、学校にもまともにいかず、自分のために、家族のために、必死に働いてきました。しかし、この三多摩地区の同業者たちが私のもとを訪ねてきて、勉強会らしきことを始めてから、考え方が変わりました。

当時、立川市をはじめとする三多摩地区の小売店を取り巻く環境は急激に変わっていました。自分のところだけがよくなっても、同業の仲間や地域の商店仲間がよくならなければ、この地区の小売業はどうなるのか。大手の進出も盛んだった時代、それらに潰されかねない状況にありました。そんな中で、みんなで強くなろうといった仲間意識とでもいう考えが、このとき芽生えたのだと思います。その考えはその後も変わりませんでした。

1971年8月には、たいら屋を含めた立川周辺の青果店5軒が集まり、青果店の近代化と協業化を図ることを目的に、株式会社スーパー立川を設立しました。同年10月に東京都公設小売市場・株式会社立川綜合小売センターが三多摩地区に新設されると、これに参加して、同社の取締役に就任しています。

初めてのスーパー開業。地域の仲間と多摩経営研究会も開設。目標は10倍を掲げよう！

1977年、ついにたいらやが、東京都の大規模新興住宅地、多摩ニュータウンに、スーパーマーケット1号店「愛宕店」（東京・多摩市）を開店しました。この年に、三多摩地区の商店主を集めた勉強会「多摩経営研究会」が発足しました。

もともと、我が家によく顔を出していた「カネマン」の新井佑育さんと、「魚力」の山田勝弘さんと私は友だち付き合いをしていて、よく3人で食事をしたりしていました。そんな中で、これからの時代、八百屋だけとか魚屋だけとか同じ業種で集まって勉強するより、いろいろな業種が集まって勉強したほうがいいのではという話になり、その機会に「多摩経営研究会」が誕生したのです。

スタート時はあちこちに声をかけて、われわれ3人のほかに、「さえき」「ベスト」「九州屋」「すえひろ」「肉の宝屋」など八百屋、魚屋、肉屋を中心に15社が集まりました。みなやる気にあふれた若い経営者ばかりでした。「日々の忙しさに追われて、将来の計画とかビジョンなど持てない」「なんとか事業を成長軌道に乗せたい」「家業から企業に転化したい」といった思いに駆られて、研究会に参加して来たのです。リーダーには、一番年上だった山田さんになってもらいました。

研究会は毎月、五日市町（現・東京都あきる野市）にある国民宿舎「止水荘」や、足を伸ばして山梨の温泉旅館などで3泊4日、あるいは4泊5日の日程で、講師の先生を呼んで泊まり込みで開催しました。みんなそれぞれ忙しい身なのに毎月勉強会を

地域の同業者仲間と多摩経営研究会を開設。毎月、近くの国民宿舎「止水荘」などに集まり、泊まり込みの勉強を続けた。毎月開催はハードだったが、団結力も高まった

開くというのはハードでしたが、これが全員の仲間意識、団結力を高めるのに役に立ちました。

研修のテーマは「経営戦略の作成」「人材育成」「商売のノウハウ」「組織変革」「市場動向予測」「自己啓発」など多岐にわたりました。そして何より、メンバー全員が1つのところに集まって寝泊まりしたことと、それぞれのテーマについて自分の意見を述べて議論を繰り返したことで、経営者としてはもちろん、人間として成長できたと思います。

このように研究会はすべてが勉強になりました。先生から学ぶこともそうです

が、雑談などを通してメンバーみんなが互いに刺激を受けることから学ぶことが大きかったわけです。

私が研究会でメンバーによく言っていたのは、目標は常に10倍持てということでした。年商が10億円であれば、10年後の目標を10倍の100億円に置け、高いところに置けと。ほかにも、経営者にとって一番大切なことは自分磨き、自分づくりだと言い続けていました。会社というのは経営者の器以上には大きくなれません。会社を大きくしようと思ったら、自分の器を大きくするしかありません。研究会ではそれができたと思っています。

多摩経営研究会では、研究会で勉強会を開くほかに、雑誌主催のセミナー合宿にもメンバー全員で何度も参加しました。

これらのセミナーには全国から500人、あるいは1000人と集まってくる大規模なものもあり、箱根湯本の旅館を全部借り切って開催したセミナーもありました。

大きな会館で全参加者が集まったセレモニーが行われた後は、各旅館の会議室でさまざまなテーマのセミナーが開かれました。そこで自分が勉強したいセミナーを開催している旅館に行って受講するわけです。複数のセミナーが違う旅館でやっているときは、旅館から旅館へ移動して受講しました。寒い2月のセミナーで、雨降りの日に傘を差して旅館をあっちへ行ったり、こっちへ行ったりしたことを思い出します。

セミナーの講師は雑誌で執筆している先生ばかりで、気になる先生とは個人的に親しくさせていただきました。先生の中には、「平さん、そんな商売やめちゃって、私が推奨するビジネスをやりなさい」などと言われて閉口することもありました（笑）。

セミナーには北海道や九州から参加している人もいて、多くの人と情報交換しました。気になる人がいたり、気になる商売を見つけたりすると、セミナーが終わってから北海道や九州まで訪ねていくこともありました。

こうしたセミナーは私のように学校に行かなかった人間にとっては、本当にありがたいものでした。いい先生にも恵まれました。

ですが、どのセミナーに参加しても、実は、帰ってきて10日もすると内容はほとんど忘れてしまうのです。セミナーで勉強している間は、帰ったらああしよう、こうしようと思っているのですが、仕事に戻れば山ほどたまっている業務に没頭することになります。そうすると、セミナーであれだけ必死に覚えたのを忘れ、試してみようと思ったことがほとんど実行できないのです。

それでも勉強したことというのは頭のどこかに残っているようです。5年、10年たって「あっ、これはあのときのセミナーで勉強したことだ」と思い出すことがあり、当時の本や教科書を引っ張り出して確認していました。セミナー受講直後に忘れても、決して役に立たないことなどないのです。

多摩経営研究会の意志は協同組合セルコチェーンに引き継がれた

多摩経営研究会は12年ほど活動したのちに解散しました。当初のメンバーは八百屋、魚屋、肉屋がほとんどだったのですが、次第に弁護士事務所や税理士事務所、中小ゼネコン、建築業者などが入って来て、研究会そのものが大きくなりすぎたこともありましたし、業種が多様化しすぎて、当初の商店主が経営を勉強するという趣旨がぼけてしまってきたことが原因です。

しかし、多摩経営研究会からは、私たちのエコス、魚力、それにベストから独立した「九九ショップ」の3社が株式公開を果たしました。さらに、さえき（現・さえきセルバホールディングス）は年商600億円に迫るスーパーマーケットに成長し、九州屋は全国80店舗を展開して年商250億円近くの青果チェーンに、肉の宝屋（現・たからや）は神奈川・相模原地区の6店舗で年商60億円のスーパーマーケットに成長しています。

元は小さな商店主の集まりだった多摩経営研究会から、これだけの企業を輩出したことは私たちの誇りです。これも多摩経営研究会で、メンバー一人一人が切磋琢磨して、経営者としての自分を磨いた成果だと思っています。

特にさえきの佐伯行彦さんは、私の従兄弟でもありますが、その彼を私がたいら屋に入れて青果商売のイロハを仕込みました。彼は独立して八百屋を始め、その後、多摩経営研究会に参加してからも必死に食らいついて勉強していました。後に私は、第

1章で触れた共同仕入れなどを事業目的とする協同組合セルコチェーンの理事長を12年間務めますが、私の後に15年間理事長を務めたのが佐伯さんでした。

多摩経営研究会はわずか12年ほどの活動でしたが、この研究会が果たした役割は決して小さくなかったと自負しています。

多摩経営研究会を解散した翌年の1990年、私がまだ協同組合セルコチェーンに参加する以前、同チェーンのある幹部から、「多摩経営研究会のメンバーの中で、スーパーマーケットを経営しているメンバーにぜひ当チェーンに入ってもらいたい」と言われました。そんなとき、元メンバーから私に、「ぜひ研究会を続けたい。多摩研はもう解散したので、それなら多摩研に代わる何か新しいことをやってください」という要望があったのです。

そこで、私の会社も含めて当時スーパーマーケットをやっていたメンバーに、「よし分かった。セルコに集団で入って勉強会を続けよう」と話し、みんなでセルコ入会を決めたのでした。

小さな商店主の集まりだった多摩経営研究会から、上場企業、中堅企業が誕生した。これは私たちの誇り。同窓会には頼もしい面々が集まる

経営研究会の思いを継いで、共同組合セルコチェーンに仲間と友に入会。セミナーの場では、私が講師を務めることも多かった

第4章

出入り事業者は恩人です

ドタバタで始めたスーパー1号店。生鮮3品の鮮度と安さで勝負。近隣の大手にも負けず成功!

1975年、私は父に代わって有限会社たいらや商店の代表取締役に就きました。

私が食品スーパーの経営に乗り出したのは、その2年後の1977年2月。第3章でも触れましたが、多摩ニュータウンにスーパーマーケット1号店として「愛宕店」を開店したことが始まりです。

この場所には、もともと東京都が、大阪や京都、沖縄のような公設市場を東京にもつくろうとして設置されていた東京都公設小売市場という市場があり、1つの株式会社組織になっていました。

この公設市場には、酒屋や肉屋、魚屋、八百屋、食品店など、さまざまな小売店が入っていたのですが、ニュータウンの人たちは、すでに近隣にいくつか進出していたスーパーに流れていて、あまり人気がありませんでした。そのためこの市場は、1970年代半ばには多額の負債を抱えて破綻の瀬戸際にいたのです。

私たちのスーパー第1号店は、その不良債権を私が肩代わりして公設市場を買収、売場面積65坪のスーパーに衣替えしたものだったのです。そしてここは、安売り八百屋のたいら屋チェーンでは経験したことのない広い売場でした。

そういう経緯もあり、この第1号店は、私としてはスーパーマーケットに進出しようと綿密な計画を立てて、万全の体制を敷いて進出したわけではなかったので、当初は戸惑いの連続でした。

私も、たいらや商店の当時の社員も、青果のことなら一から十まで知っていますが、他の生鮮2品である鮮魚や精肉となると、どこで仕入れるのかも知らなければ、どんな目利きをしたらいいのかも分かっていなかった状態でした。加工食品なども同様で、問屋はどこがいいのか、どこで探せばいいのかも理解していませんでした。

そこでまず、買収した小売市場にテナントとして店を出していた魚屋や肉屋に手伝

既存店舗を買収し、スーパーマーケット第2号店としてオープンしたトーワマート

ってもらって、鮮魚と精肉の卸売市場に連れて行ってもらい、彼らに付きっ切りで目利き法と仕入れについて学びました。ほかに、魚や肉の切り分けなどの加工法やパック詰め、品出しなどのノウハウも教えてもらいました。併せて加工食品の仕入れなどのノウハウも覚えていきました。

このような状況で、何を強みに経営を軌道に乗せるか――。生鮮3品を目玉商品として、鮮度と安さでは他店に負けないと決めて、店をスタートさせることにしました。

ここでまた苦難が訪れます。

愛宕店がオープンしてすぐに、なんと店舗の近くに大手スーパーが進出してきたのです。ですが、私たちの生鮮3品は、鮮度と価格を武器にして、店はお客様であふれました。成功したのです。

最初の店が成功したことは、私だけでなく社員全員の自信になりました。

同年8月、スーパー2号店として売場面積23坪のトーワマート店をオープンさせました。この店舗も買収したものです。ただし、愛宕店とトーワマート店の2店は、安売り八百屋・たいら屋を展開している、たいらや商店とは独立させて、株式会社愛宕、株式会社トーワマートとして別法人にしました。代表取締役は私が務めました。

スーパーの運営は八百屋より楽。スーパーは効率的で、大きな商売ができる

スーパーマーケットのオペレーションに当初は戸惑いもありましたが、落ち着いてくると気付いたことがありました。それは、八百屋に比べればスーパーのほうが、仕事は楽だということでした。

八百屋の仕入れは、寒い冬でも、早朝から自分たちで市場に行く必要があります。八百屋では、寒風吹きすさぶ店頭に立ってお客様に相対で対応しなければなりません。それは従業員もみなそうで、その分、経営者である私は従業員に気を遣わないといけません。

ところがスーパーは、仕入れは冷暖房の効いたオフィスから出入り事業者に電話な

どで連絡すれば、事業者が市場などへ行って商品を仕入れて各店舗に納入してくれます。スーパーも、店頭に立つ必要はありますが、そこは冷暖房の効いた過ごしやすい室内です。

1店舗にかかる手間ひまは、実は10坪の八百屋も、600坪のスーパーもあまり変わらないのです。ということで、スーパーのほうが効率的で、売上も大きく、商売として楽なのです。

そのような感覚もあって、90年代に入ってからですが、マスコミの取材に私は「スーパーはばかでもできるけれど、八百屋は利口でなければできない」と発言しましたら、そのまま記事になって、それを読んだあるスーパーの社長が、「俺たちはばかか！」と怒ってきました（笑）。

私は、スーパーは「ばかがする仕事」とは一言も言っていません。八百屋ができればスーパーもできるという自分の経験をたとえて言っただけです。夜間高校に1年しかいっていない私でも、仕事をこなすことができた、と言いたかったわけです。

かつての多摩経営研究会の仲間だった、「さえき」の佐伯行彦さんも、「カネマン」

の新井佑育さんも中卒ですけれど、みんな立派にスーパーマーケットを経営しました。

うまい、安い、新鮮、品ぞろえ。この商品力があれば大手にも勝てる。商品力でスーパー経営に集中する

安売り八百屋・たいら屋は、それまでもスクラップ&ビルドを繰り返していましたが、スーパーマーケット2店のヒットで自信を得た私は、いずれ八百屋はやめてスーパーに集中しようと思うようになりました。

このころになるとスーパー業界も、競争の激しい業界になりつつありました。とはいえ、扱う商品に「商品力」があれば大手を相手にしても勝ち抜くことができる、と分かったのです。

「うまい、安い、新鮮、品ぞろえ」の４つを念頭に商品を用意する。お客様は開店前から店に集まり、開店と同時に入店、どんどん商品をかごに入れていってくれる

特に食品スーパーにとって、商品力とはお客様を満足させる「うまい、安い、新鮮、品ぞろえ」の4つです。特に競争力の最大の武器である「安い」を極めれば勝てます——そう思いました。そして、八百屋のときと同じように多店舗化して大量に商品を仕入れれば、どこよりも安く売れることはこれまでの実践で分かっていました。

先ほど、また第3章でも少し触れましたが、70年代後半になっても、たいら屋は年に1～2店ペースで出店を続けていました。安売りを支えるためには大量に仕入れる必要があったからです。

ですが、三多摩の各地にもスーパー各社が次々と出店してくると、次第に青果だけを扱う八百屋は敬遠されがちになって、徐々に売上を落としていきました。そこで、1980年にはたいら屋は数店を残して、あとはすべて閉店しました。

大型店舗が続々成功。近所にスーパーがなければ、遠くからでも来てくれる

安売り八百屋チェーンは「たいら屋」でしたが、スーパーは、かつて自宅を改造して作った総合食品店「たいらや」の名前を使いました。

2号店以降は、立川店、武蔵境店を出店、1979年には吉野店（東京・青梅市）を出店しました。吉野店はJR青梅駅の2つ先の駅、日向和田駅（東京・青梅市）の近くに初めて土地を買って建てた、売場面積57坪の店舗でした。

当時の青梅市は、まだ田畑がそこかしこに見られる土地で、社員はみな「こんなところにスーパーマーケットを出してもお客様は来ない」などと言って反対したものです。

ところがオープンすると、開店初日からお客様が押し寄せました。遠く20数キロも離れた奥多摩湖（東京・奥多摩町、山梨・丹波山村・小菅村）のほうからクルマで買物に来てくれたお客様もいました。

奥多摩はＪＲ青梅線の終点で、当時はスーパーマーケットがなく、売場面積30〜40坪の観光客相手の店があるだけで、ほかには小売店らしい店はないところでした。20数キロ先なのですが、近くにスーパーができたと聞くと、クルマを飛ばしてやって来てくれたのです。これより近いところで商店があまりないという場所であれば、なおさら便利に使ってくれたわけです。

開店最初の月は目標売上の80％でしたが、その後、売上は伸びていきました。1年もすると、青梅の人たちはこの店を「地元のデパート」と呼んでくれるようになりました。近所の人を誘って、1台のクルマで乗り合って買い出しに来る人たちも現れるようになりました。翌年以降は目標売上の2ケタアップを見せ、開店2年目からは収益率のいい優良店に成長しました。

売場面積57坪というのはスーパーとしては小さかったのですが、それでも売上はちゃんと上がりました。のちに売場面積130坪の大型店に引っ越しました。その店は当時、弊社で一番利益を生む、儲かる店になりました。

1982年には、売場面積112坪の大型店である昭島店（東京・昭島市）をオープンしています。すると、この店が大成功して、スーパーマーケット「たいらや」の名前を一気に高めることになりました。

1983年には八王子市に、売場面積130坪の西寺方店を出店。ですが、西寺方店はJR八王子駅からバスで30分もかかる辺ぴな立地ですので、この店も社員たちは吉野店同様、失敗を予想していたようです。実は私も、普通に開店させたのでは苦戦するだろうと思いました。

そこで考えた策が「朝市」です。

スーパーの朝市は当時まだ珍しく、これが集客に大いに寄与しました。朝市に並ぶ新鮮な野菜などを求めて、吉野店のときと同じように、クルマで遠方からもお客様が押し寄せてきました。朝市は店舗が開店する前から開催し、2～3時間の間に、毎回300万～400万円を売り上げたのです。それが引き金となって、西寺方店も成功への道をたどることができました。西寺方店からは「たいらや」オリジナルの惣菜を提供する惣菜部門も誕生させました。

当初は山間へき地の「たいらや」、そこで安定的に利益を確保。その後、都市部へ進出

スーパーマーケットに進出した当初、同業他社などは、私のことを「山間へき地のパイオニア」と呼んでいました。都市部を避けて、人家がまばらにしかないような山奥にばかり出店しているというわけです。

すでに70年代、80年代当時、街中はスーパー間の競争が激しくなっており、業界に足を踏み入れたばかりの私は、街中を避けて辺ぴなところにも出店していたのです。

スーパーマーケットに進出した当初、競争の激しい街中を避けて辺ぴなところにも出店。すると、クルマで農家の主婦たちが、飛んで来てくれた。農家の主婦や娘さんをパートとしても集めやすい。地代も安い。そうやって山間へき地で力を付けて、だんだんと街中へと出て行った。写真は現在のエコス原市場店（埼玉県飯能市）

ですが、山間へき地への進出は、新興スーパーマーケットの「たいらや」にとって悪いことではありませんでした。

大きな住宅街はなくても、ぽつりぽつりと人家は点在していました。吉野店のように、周囲に競合する店がありませんから、そのような場所にスーパーが進出してきたとなれば、すでにあの時代に買物にもクルマを足代わりに使っていた農家の主婦たちが、エンジンを吹かして飛んで来てくれました。

しかも、価格設定でしのぎを削る競合店がないわけですから、それほど安い価格でなくても十分売れました。さらに、周囲に職場となる工場などもないため、農家の主婦や娘さんをパートとして集めやすく、しかもパートの人件費も街中の店より安くすみました。地代も安くすみました。

山間へき地は人の絶対数が少ないですから、大量に売れることはありませんが、一定の売上が安定して得られるので、結構儲かったものでした。

私はそうやって山間へき地で力を付けて、だんだんと街中へと出て行きました。

スーパーの経営は仕入れが命。卸売市場には誰よりも早く行き、仕入れが終われば明日の情報を集める

私が仕入れで気を付けていたのは、何といっても品ぞろえです。品ぞろえは、八百屋であってもスーパーマーケットであろうと、まさに店の命です。これに失敗したらおしまいです。私はリヤカーの引き売りをしていたころから、仕入れに命を懸けていました。

よく経営コンサルタントの先生は、「在庫管理が大事だ」とおっしゃいます。しかし、在庫管理の手前の「仕入れ管理」のほうが大事なのです。それを分かっていないコンサルタントの先生もいらっしゃいました。

そこで、スーパーマーケットでは商品の発注が重要となります。それがすべてと言ってもいいでしょう。特に生鮮品は仕入れたものがその日に売れずに、在庫として残してしまったら、どんな在庫管理をしたところで、商品価値は落ちます。発注する前に、在庫として残らないような仕入れ数を弾き出すことが大切です。

夕方の、お客様の来るピーク時間が終わった後、値引きして販売しても商品が売れ残ることがあります。店を閉めて退社する時間が午後の9時だとすると、帰る前にやるべき大事なことがあります。バックヤードの冷蔵庫と冷凍庫の中を見て、明日の朝一番で棚に陳列する商品を、それぞれの入り口近くに移動させておくことです。

それをせずに、朝出勤してから自動販売機でコーヒーを買って飲みながら、「さあ、今朝は何をしようか」などと考えているようではダメです。成功しません。前の日のうちに準備しておかなければならないのです。その日の営業が終わって帰りのクルマの中で鼻歌を歌っているようでは、成功はおぼつきません。私はいつも、明日の作戦を練りながら帰宅していました。

私は何をしているときも、片時も仕事のことを忘れたことはありませんでした。何か気付いたことがあれば、クルマの運転中であれば止めてメモを取る。テレビを見ていても、新聞を読んでいても、気になることがあったらすぐにメモしていました。

市場で仕入れるときに一番大切なことは、人より早く市場に出向いて、生鮮品などの入荷状況をより早くつかむことです。どのような商品が大量に入荷しているか、といった状況です。

しかも、仕入れが終わったら、さっさと市場から店へ戻って売る、ということもしません。店に搬入して販売するのは、同行している担当者に任せます。私は市場の事務所でお茶をごちそうになりながら、明日の入荷予定を調べていました。市場にブースを構える農協に明日の出荷予定の連絡が入ってきますから、そうした情報を集めたのです。

例えば明日、キャベツが大量に入荷する予定だと分かれば、当然、値は今日より下がりますから、今日仕入れたキャベツは値を下げてでも早めに売って在庫に残さないようにするわけです。すべて前倒しで作戦を考えていました。鮮魚も同じです。当日、市場で水揚げの様子を見てから行動するのでは遅いのです。

出入り事業者はどこのスーパーが儲かっているか、儲かっていないかを知っている

西寺方店を出店した1983年ごろから、スーパーマーケット「たいらや」の経営は軌道に乗りました。

やはり昭島店、西寺方店といった売場面積100坪以上の大型店を持ったことが経営を安定させたのだと思います。またこのころになると、出店のマニュアルや人材管理、人材教育といった企業の基本的な社内体制づくりのノウハウも整備されていきました。

これまで「たいらや商店」は、個人商店から企業になったといっても、私を中心としたファミリー企業でしかありませんでした。それが1983年ごろからようやく、

真の企業への道を歩き出していきました。

有限会社「たいらや商店」は、1984年に資本金を5300万円に増資して組織変更し、「株式会社スーパーたいらや」を設立しました。

リヤカーの引き売りから始まって、総合食品店を経て、安売り八百屋チェーンまで、青果一本でやって来た私が、まがりなりにも食品スーパーマーケットを経営できるようになりました。これは、もちろん従業員のみんなが頑張ってくれたことが一番です。

そして次に大きいのが、卸売市場や仲卸を含めた出入り事業者のみなさんの応援があってなのです。八百屋であれ、スーパーであれ、商売は出入り事業者の協力がなければできません。協力なしで無理に商売を始めても儲かりません。

出入り事業者は、実はスーパーマーケットの社長や幹部よりも、スーパーの経営を知っている存在です。なぜなら彼らは、いくつものスーパーに商品を卸しているわけですから、どういう商品がどこでどのように売れて、どのスーパーが儲かっているのか分かっているのです。何が売れなくて儲かっていないのかも分かっています。

彼らとは信頼関係で結ばれ、何でも語り合える関係であることが商売の世界で結果を出していくうえで必要だと思ってきました。青果であれ、鮮魚であれ、精肉であれ、卸売市場や仲卸との関係で一番大事なのは信頼関係です。信頼関係を築くには、今日はどこの市場が安いだろうか、いいものがそろっているだろうかと、あっちの市場、こっちの市場と浮気していてはダメです。

年に1～2度しか仕入れないような商品ならいいですけれど、特に生鮮品のように毎日仕入れるものは、浮気していては入ってくる情報も入ってこなくなります。場合によっては、今日は仕入れなくてもいいかなという商品であっても、市場が売りたがっていると分かれば、信頼関係の構築を最優先にして、あうんの呼吸で応えます。

市場関係者の側も、あの店にはこういうニーズがあるはずだから、この商品を用意しておこう、と考えていることもあるわけです。彼らには、扱う商品に関わるありとあらゆる情報が入っています。中でも仲卸は、私たち取引先ごとの個別の事情を分かったうえで、商材を押さえてくれているのです。それなのに「今日はここでは買いません」となっては信頼関係が崩れてしまいます。ですから卸売市場は1カ所に定めておいたほうが利益につながります。

ちなみに仲卸は、当社に限らず、大手も含めて、スーパーマーケットでは皆利用します。仲卸はそれほどありがたい存在なのです。

もちろん、出入り事業者との信頼関係が大切なのは、生鮮3品や惣菜だけでなく、菓子、加工食品、日用雑貨、すべて同じです。信頼関係を結びたいと思う相手とは、私たちのところに商品を売りたいと思って持ってくる人、全員です。

彼らは、自分たちに都合のいい情報だけを私たちに提供して、強引に売りつけよう、儲けようと思っているわけではありません。彼らも私たちも、お客様の食文化や住文化といった生活文化の向上に貢献しようとしている仲間です。そうした人たちすべてと信頼関係を結ぼうと考えるのは当然のことです。

グロサリーの仕入れ商談はシビア。若手の営業担当者とも対等に臨む。「1日早い支払い」でも信頼を得た

ただ、出入り事業者の中にも礼儀を知らない人がいるかもしれません。事業者の20～30代の若い担当者が、40代～50代の弊社の仕入れ担当のマネジャーに対して、ぞんざいな口を利くとか、行儀が悪いとか、社会人として最低限のマナーさえわきまえない、そのような常識のない人は信用できませんから取引しなくても構いません。

とはいえ、常識的に考えれば、そのような人が、取引先と直接対面する担当者に選ばれることはありません。いくら今の時代の若者が理解しづらい人が多くなっているといっても、事業者の経営者や上司が、マナーをわきまえないような人に外回りを任せるわけはないからです。

さきほど、生鮮品以外の仕入れについても、信頼関係が大切だと述べましたが、実際、調味料や缶詰、乾物など保存性の高い食品や飲料、日用品などグロサリーの仕入れも、生鮮品の仕入れと同じように命懸けでやってきました。

グロサリーはメーカーや問屋の営業担当者が弊社に来て、1対1で商談するわけですから、人間関係は生鮮以上に難しくなります。品物を売りに来る人との交渉は、そう簡単なものではありません。

営業担当者には、私が若いころには自分の父親のような年齢の人もいましたし、子供のような年格好の人もいます。どのような営業担当者に対しても、「俺が、お前の商品を売ってやるんだ」といった、ふんぞり返った態度でいてはもちろんダメです。人間性を疑われてしまいますし、「嫌なヤツだ」と思われてしまうでしょう。

売り手と買い手といっても、人間対人間なのですから、ちゃんと対等な立場で交渉しなければ、いい商品を安く買うことはできません。

私はどのようなメーカーや問屋の若手営業担当者であっても、本部の駐車場で車を降りるところを見かけたら、こちらから頭を下げて「どちら様ですか？」と挨拶してきました。そのことで営業担当者が会社に帰って、「あそこの社長は偉いな」と言っているとは思いませんが、悪い気はしないでしょう。気持ちよく交渉の場に臨めれば、お互いにいい交渉もできます。それをふんぞり返っていては、それなりの値段しか示してこないかもしれません。

出入り事業者にとって、いい取引先とは、安定して仕入れ、仕入れ先を変えずに継続して取引し、支払いがきちんとしているところでしょう。

私が、スーパーマーケット1号店「愛宕店」をオープンしたときは、初めてのスーパー経営で信用がないわけですから、毎回、支払日の1日前に代金を払っていました。1日だけとはいえ、必ず早く支払う、ということでも信用を得ていったのです。

出入り事業者の一般社員から学ぶ。報告を受けているだけの、上司からの情報では、真実は分からない

私は、出入り事業者のみなさんのことを、最大限大事にしてきました。なぜなら、私たちは業界動向については彼らから学ぶしかないからです。同業他社や食品業界の動向、スーパーマーケット業界や小売業界全般の動向、あるいは企業活動に関する法律化や規制の情報など、彼らは毎日いろいろなところに出入りしているため、そこからさまざまな情報を仕入れ、多くの情報を持っている存在なのです。

具体的には、出入り事業者の営業担当者が扱っている商品の中で、「この商品は売れているが、あの商品はもう一つ売上が伸びない」と類似商品の売れ行き情報や価格

情報、「〇〇スーパーでは、今度何か新しいことを始めるみたいですよ」といった情報を雑談の中で聞き出します。逆に、こちらが正しくない情報を提供しようものなら、私たちの何倍もチャネルを持って新鮮な情報に触れている彼らからは間違いを指摘されることになります。

ですから私たちは、営業担当者を大事に対応しないといけないのです。駐車場で会ったらこっちから頭を下げて挨拶するのも、彼らのことを「ありがたい存在」だと思っているから自然と頭が下がるのです。

出入り事業者が新商品発表会などを開いたときも、積極的に出かけていきました。商品に関する情報だけでなく、同業他社の経営状態など、思いがけなくびっくりするような情報を手にしたこともありました。

現在のエコスは、あらゆる商品を扱う総合卸数社との取引のほか、多数の食品メーカーとの直接取引もあります。弊社ほか、全国の量販店チェーンが加盟し、共同仕入れやプライベート商品の開発などを手がけている、ニチリウグループとも取引をしています。

いずれの事業者も、適正な価格で安定して供給していただいていて、感謝しかありません。当社のスーパーマーケット1号店である愛宕店も、開店のときから、総合卸会社が取引してくれたおかげでうまく離陸できたと感謝しています。

もちろん、仕入れ業務が楽になるからと、同じ事業者ばかりから購入しすぎると、「あそこはサービスしなくても商品を買ってくれる」などと思われて、安く卸してくれなくなります。その辺のあんばいが非常に難しいのですが、その点で、出入り事業者とは、常に緊張感を持っておく必要があるのも確かです。

すべての出入り事業者には感謝しかありません。ありがとうございます。

第5章

従業員に見せてきたこと、言ってきたこと

スーパー「たいらや」を続々開店。本部への投資は極力抑える。お金を生むのは店舗だからです

1984年に、それまでの有限会社たいらや商店を株式会社スーパーたいらやに組織変更してからも、1985年に東京・八王子市に「高倉店」、1986年に同・東大和市に「奈良橋店」、1987年に神奈川・相模原市に「矢部店」、1988年に埼玉・入間市に「宮寺店」、1989年には新たに東京・八王子市に「犬目店」、それに東京・昭島市に「築地店」の2店、1990年に埼玉・川越市に「的場店」と東京・三鷹市に「下連雀店」の2店と、矢継ぎ早に出店攻勢をかけていきました。

1991年には別会社にしていた株式会社トーワマートを合併して、同時に商号を「株式会社たいらや」に改めました。

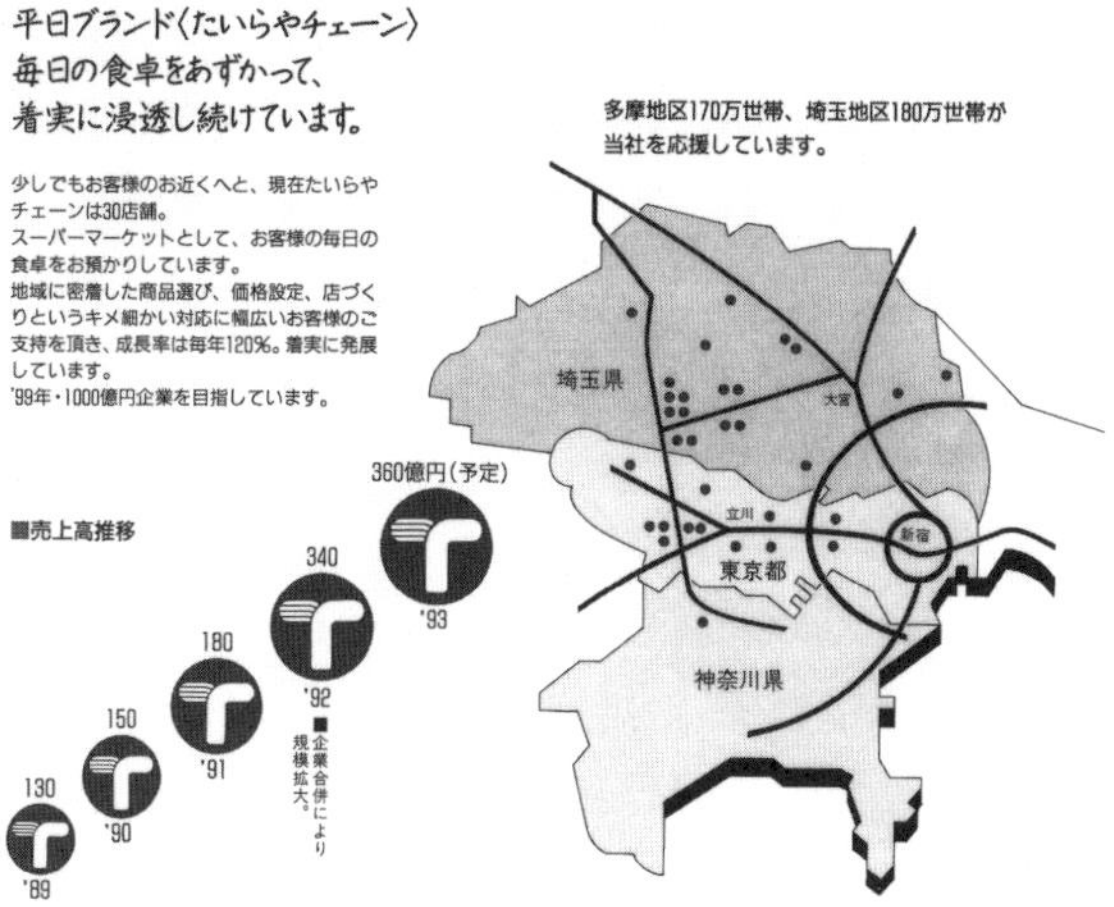
平日ブランド〈たいらやチェーン〉
毎日の食卓をあずかって、
着実に浸透し続けています。
少しでもお客様のお近くへと、現在たいらやチェーンは30店舗。
スーパーマーケットとして、お客様の毎日の食卓をお預かりしています。
地域に密着した商品選び、価格設定、店づくりというキメ細かい対応に幅広いお客様のご支持を頂き、成長率は毎年120%。着実に発展しています。
'99年・1000億円企業を目指しています。
■売上高推移
130
'89
150
'90
180
'91
340
'92
■企業合併により規模拡大。
360億円（予定）
'93
多摩地区170万世帯、埼玉地区180万世帯が当社を応援しています。
埼玉県
大宮
立川
新宿
東京都
神奈川県

1990年代初頭のたいらやチェーンの店舗位置図。矢継ぎ早に出店攻勢をかけていった

ちょうどそのころ、多摩経営研究会が解散することになるわけですが、その解散式で私は、研究会のメンバーに向けて、「この解散は、我々みんなが、さらに飛躍するための解散だ。みんな、株式公開に向けて解散しよう！」と、人前で初めて「株式公開」を目指すことを口にしました。

ただ、「株式公開に向けて」とは言いましたが、それを目的にしようと言ったわけではありません。株式公開はあくまで通過点に過ぎません。たいらやを盤石な会社にするには、資金調達はもちろん、信用力の向上、

社内管理体制の強化、優秀な人材の確保など、株式を上場することで得られるメリットが必要になり、そのために公開しようと考えたわけです。

1980年代半ばには本部体制の整備も進めました。それまで旧昭島店の2階に置いていた本部を、1986年に新たに昭島市に2階建ての本部社屋を建設しました。

この本社にはエレベーターもエスカレーターも設置していません。階段があるだけです。スーパーマーケットにとって、利益を生むのは売場だけです。反対に、本部が生むのは経費だけです。ですから店舗にはお金をかけますが、本部にお金はかけません。

我が社を訪ねてくるお偉方は、みな口々に言います。「平さんのところはボロだなぁ」と。東証プライム市場上場企業の本社の中で、我が社が一番ボロだと思います。ですが、「それでいいんです」と、私は訪れたみなさんに言っています。

バブル崩壊で中堅・中小スーパーが続々倒産。これがチャンスに。M&Aで関東1都5県＋福島に拡大

スーパーマーケットの事業がある程度の規模になった1990年に、全国の中堅・中小スーパーへの共同仕入れなどを事業目的とするボランタリーチェーン「協同組合セルコチェーン（セルコ）」に加盟したことは大変有意義でした。全国の同業者と知り合うことができたからです。

セルコは、元中小企業庁長官の川上為治さんが、中堅・中小が大手と対抗するには、共同仕入れ、共同物流が必要だという信念の元に、1962年につくられた由緒ある団体です。

ですが、セルコの会員企業をみると、なかには千葉県館山市の「ときわや」のよう

に、1店舗ながら大手に負けず地域一番店として頑張っているところもありましたが、ほとんどは21世紀まで生き残れるかどうか、微妙な店が多い有り様でした。

1991年にバブルが弾けた翌年の1992年、私はセルコの会員企業を前にこう呼びかけたものです。「バブルが崩壊したということは、大手の時代が終わったということです。もう大手に学ぶものは何もない。これからは中堅・中小、地場産業の時代だ。俺たちの時代が来たのだから、みんな頑張れ！」と。

この言葉がどこまでみんなの心に響いたのかは分かりませんが、実際には中堅・中小もバブル崩壊の影響を食らいました。

たいらやは、負債を抱えていた企業を買収した1号店の「愛宕店」、2号店の「トーワマート店」を含め、地道に1店ずつ店舗数を増やしてきました。

そのたいらやをはじめとする後のエコスグループが、その後わずか20〜30年で、東京都、千葉県、神奈川県、埼玉県、栃木県、茨城県、福島県へと一気に100店以上も店舗を増やして飛躍的に拡大していったのは、自ら多店舗化しつつも、経営が傾いた同業者を、M&Aによって合併や子会社化してきたことによります。

たいらやはスーパーとしては後発組です。1件、1件、地主を口説いて店舗を造っていったのでは、先発組に追い付くことはできません。

そこにバブル崩壊によるスーパーの相次ぐ倒産が出てきたのです。私はここで、M&Aによる店舗数の拡大に戦略を切り替えました。数々のスーパーの倒産が、たいらやの成長のきっかけになったことは間違いありません。バブル崩壊は、「大手の時代の終焉《しゅうえん》、これからは中堅・中小、地場産業の時代」と発言しましたが、結局それは、中堅・中小も含めてスーパーマーケット業界にとってピンチとなりました。

ですが私にとっては、まさに「俺たちの時代が来た」大チャンスだったのです。ピンチとチャンスは常に裏表です。

助けたい思いでのM&Aはバブル崩壊後、「倒産110番」の会社としての地位につながった

チャンスを拡大するきっかけとなったのが、1992年の「味好屋」との合併です。味好屋は本部を埼玉県鶴ヶ島市に置き、14店舗の食品スーパーを運営していました。合併1年前の1991年の春、旧知の味好屋の岸田剛専務が、会社ではなく私の自宅に電話をかけてきました。電話に出ると岸田専務は、いきなり「うちと合併しませんか?」と持ちかけてきたのです。

私はそれまで、他社の立て直しに力を貸したことが何度もあります。他人の面倒を見るのは嫌いではないし、困っている人を見ると、自分のできることならなんとか助けてあげたいと思う性格がそうさせるのでした。

1987年、多摩経営研究会のメンバーだった「カネマン」の新井佑育社長が亡くなったときは、その後5年間、同社の社長を引き受けて会社を立て直しました。

現在の我々、エコスの成功には、運もあったのかなと思っています。バブルが弾けて全国のスーパーが続々倒産する中、「倒産110番」とでもいうシンジケートがあるかのように、再建話がみんな私のところに集まってきたからです。山間へき地のたいらやから、このころは倒産110番のたいらやに生まれ変わったのです。

セルコの会員メンバーの窮状を救ったことも何回もありました。ここでも、倒産や法的整理といった困ったことが起こるとみんな私のところに話を持ってきました。広島・福山市の「みかどストアー」が倒産寸前のときは、毎月10日間、1年にわたって手弁当で福山へ飛んで、倒産を回避させました。ほかにもセルコの会員から求められれば、北海道から九州まで、どこでも飛んでいきました。

私が関わると、どの赤字会社もまず不必要な経費がなくなって、自然と黒字化していきました。私が「酒も飲まない」「タバコも吸わない」「夜遊びもしない」もので経費を一切使わないから、その会社の役員たちも私の手前使えなくなって、黒字になっ

1992年に「味好屋」と合併。チャンスを拡大するきっかけに。このほか、バブル崩壊で困っているスーパーのM&Aで飛躍。エコスグループの店舗は増えていった

ていくのです（笑）。かつて、儲けを自分の楽しみに使ってしまう社長は多かったように思い出されます。社長は愚直で、まじめでなければダメです。

最大のピンチが我が社にも。貸し渋りに遭い、M&A、経営に支障。愚直な経営が評価され、乗り切る

味好屋の話に戻ると、1991年当時の味好屋はたいらやより店舗数が多く、スーパーのほかに玩具店を6店舗と、コンビニエンスストアを2店舗持っており、企業規模は我が社より上でした。

電話ではなんだからと会って話を聞くと、「実は味好屋には、30億円の借金がある。合併後の社名は『たいらや』でいい、社長も平さんのところから出してもらって構わ

ない。この件に関して、私は全権を任されている」と言ってきました。

「小が大を飲み込む合併になるが、引き受けよう」。社の幹部に相談していませんが、私の腹はこのとき決まりました。それまでのたいらやの店舗の売場面積は、昭島の築地店の147坪が最大でした。対して味好屋には300坪の店舗がありました。株式公開を目指すのに必要な店舗数と売上金額という基盤が、これでできると考えたからです。

さらに、たいらやと味好屋は、同一商圏に重複する店舗がないことや、たいらやが生鮮3品に強いのに対して、味好屋はグロサリーに強いので、お互いに弱点を補強できそうで、双方にメリットがありそうでした。

数日後、私は幹部社員を集めて、味好屋との合併を決めたことを話しました。債務問題は私が銀行と掛け合って解消するから任せてほしいと。役員たちも「やりましょう!」と賛同してくれました。

1992年3月に味好屋と合併し、合併作業をスタートさせると、ここで私にとって大きな誤算が生まれました。

味好屋の30億円の負債は、銀行からの借り入れなどで解消しようとしたのですが、当時のメインバンクが、この合併には無理があると言い出して、新規融資を渋ってきたのです。不動産の担保価値も見直されて激減し、いわゆるバブル崩壊後の〝貸し渋り〟に遭ってしまったのです。そのあおりで、たいらやの資金繰りまで悪化してしまいました。

私の人生にとって、このときが最大のピンチだったと思っています。

新しい融資銀行が現れたのは同年6月。これがあと1カ月遅れたら、たいらやは倒産していたかもしれません。あわや会社が吹っ飛ぶところという、ギリギリのタイミングで、新たな融資先が見つかったのでした。

ここで我が社がしのげたのは、たいらや各店の売上が落ちずに日銭が入っていたこと、仕入れや給与の支払いなどが滞ることなく、業務にまったく支障が出ていなかったからでした。愚直に、こつこつ経営を継続させていたことが、最大の強みとなりました。

最も感謝すべきは従業員。長い間、本当にありがとう

味好屋との合併をなんとか成功させたことで、株式公開の機運は一段と盛り上がっていきました。

味好屋と合併した4年後の1996年に「株式会社たいらや」は、日本証券業協会に株式を店頭登録しました。1999年にハイマートと合併したときに、商号を「エコス」に変更。2004年に株式会社エコスは東証二部に株式を上場し、翌2005年に東証一部へ指定替えを果たし、そして2022年の東証の市場区分見直しにともなって、東証プライム市場に移行しています。

その間、第2章で述べた通り、2006年に息子の邦雄がエコスの代表取締役社長に就任しております。

エコスには、「正しい商売」という社是があります。商売において「損得よりも善

株式会社たいらやは、1999年にハイマートと合併したときに商号をエコスに変更、株式会社エコスは2004年に東証二部に株式を上場、翌年には東証一部に指定替え、2022年には東証プライム市場に移行した。写真は、東証一部に指定替えしたときのもの

悪が優先する」という考えです。仕入れから販売まで、善悪に照らし合わせて行動することを全従業員に求めています。

　ではそれを、従業員にしっかり座学の場を設けて教育する必要があるかというと、私はそうとも思いません。なぜかといえば、従業員は常に社長の後ろ姿を見ているからです。

　社長自らが愚直に「正しい商売」を実践していれば、彼らは自然とそれを覚えます。社長は従業員という〝怖い目〟に、日夜監視されています。従業員から上役を見たら、ごまかしたところで全部丸見えですから。

ちなみに社長は、すぐそばにいる専務や常務の目をごまかすことはできます。ブスッとした表情を見せて、専務や常務に「今日、社長機嫌が悪いぞ。気を付けろよ」と。ですが、現場の従業員の目とお客様の目はごまかせないのです。

私は生涯、従業員とお客様の目には気を遣ってきました。彼らの期待に背くような言動があれば、会社がダメになることは分かっていました。従業員が下から見上げたときに、言っていることとやっていることにブレはない、常に社長は正しい商売をしている、と思われるように自分を律してきました。

私は、何人もの恩師や多くの情報に助けられてきました。ですが一番の先生は、これも私の座右の銘ですが「我《われ》以《い》外《がい》皆《みな》我《わが》師《し》」＝従業員だったのです。従業員のみなさん、本当に長い間、ありがとうございました。

普通の人を育て、心の中で頑張れと激励する。そうすれば応えてくれる

会社にとって大切な従業員ですが、もう少し従業員のみなさんについて述べておきたいと思います。

先ほども触れましたが、ごく普通に育ってきた日本人は倫理性が高く、みな真面目に仕事をします。みんな、その仕事で食べていっているわけですし、そのために一所懸命働いて、少しでも給与、賞与を多くもらいたいと思って仕事に取り組んでいます。

そのため会社は、業務の合理化を進めたり、生産性の高いやり方を考えたりして、彼らの期待に応える必要があります。

経営者仲間に「社員ができなくてイラつく」とこぼされたことがあります。これは

逆です。社長ができないから、上司ができないから、従業員ができなくなってしまうのです。

あえて従業員に厳格にお願いしたいことを挙げるとすれば、「お客様が幸せになる、お得と感じる接客」を忘れないでほしい、ということでした。

スーパーの商品力は「うまい、安い、新鮮、品ぞろえ」ですが、これをワンランクアップさせるのが、「接客」です。これについては、従業員の集合研修ではもちろん、店長会議やマネジャーたちを集めた各種の部会でも繰り返しアドバイスしてきました。

正しい商売は、損得よりも善悪が優先、言動の一致が基本ですが、自分や会社の損得ではなく、従業員の得、お客様の得、出入り事業者の得は、善なのです。お店のある地域社会に貢献することも善です。つまり、常にステークホルダーが得することを考えるということなのです。それを実行し続けたことが今のエコスにつながっています。

エコスがM&Aをした企業の中にも、優秀な人材は大勢いて、今、エコスの幹部になっている人間が何人もいます。従業員には無限の可能性があります。その可能性を引き出すのが社長の仕事なのです。可能性を引き出せずに従業員をばか呼ばわりする経営者もいますが、私に言わせれば、ばかなのは経営者自身のほうです。

従業員の可能性を引き出すのは、正しい経営思想です。先ほど述べたように、従業員の所得を上げるように努力しなければなりません。

エコスの労働組合はUAゼンセンに加入していますが、私はUAゼンセンの研修に何度も呼ばれて講演したことがあるほどで、実際、労働組合の本部からも、エコスは流通業の中で従業員に理解がある会社だといわれています。

本社管理部門は株式上場に向けて組織は用意しましたが、経理や総務、法務、人事などのエキスパートは、当時の当社には入社してくれませんでした。それでも、当時いた従業員の中から担当者を決めると、ちゃんと育っていきました。「信じて任せる」。これでちゃんと経理や総務などの人材が育っていきました。

現場の従業員もそうやって育ててきました。八百屋からスタートした私がスーパーマーケットに参入したときも、鮮魚や精肉の仕事など何も知らない普通の人を採用して、現場で仕込むしかありませんでした。それでも従業員はしっかり育っていったのです。

仮に、大手スーパーの鮮魚や精肉の部門で働く腕のある優秀な人材をスカウトしてきたとしたら、私もこれらの仕事が分からない中で、彼らのいいようにされてしまったかもしれません。

現場も管理部門も、普通の人を努力して仕込む。その仕込む過程で信頼関係ができます。従業員を信じてだまされたことはありません。みんな一所懸命やってくれました。それは従業員とは、心と心で通じ合っていたからではないかと思っています。

従業員に「頑張れ！」と言って、従業員が「はい、頑張ります！」と口で返してくるのは建前です。本当の会話は「心」でするものです。頑張れと言って、本当に頑張るかどうかは心が決めるものです。従業員とは心で会話しているのですから、だましなど利きませんし、お世辞も通用しません。

がむしゃらに働き、がむしゃらに遊んで激励し、寄り添って、きずなは強くなった。そうした従業員がエコスを支えてくれている

エコスでは、店長は社長として扱います。

店舗運営、商品、従業員、お客様、地域社会、現金など、店舗に関する全権限を持っているのですから当然です。店長を任命するときには、「お客様は君が社長だと思っている。私など店舗運営に関しては何の権限も持っていない。すべて君に権限があるのだから、誇りと自信を持って頑張りなさい」と言ってきました。

1店舗の年間売上高10億円といえば、その地域社会で一番の大きな企業であることが多いわけです。ですから、店長は地域一番の大社長のようなものです。そういう視点を持って店舗運営に当たることで、一段上の視野が開けて人材が育っていくのです。

1ドル360円の時代、私のポケットマネーで社員旅行に出かけた。写真はハワイ。がむしゃらに働き、がむしゃらに遊んだ従業員たちが、その後のエコスの基礎をつくってくれた

時間は遡りますが、株式公開前のころまでは、従業員数は全社で50人とか100人くらいの規模でした。あのころは全員の顔が分かっていましたので、従業員には、「俺たちの仕事は、1年365日24時間勤務の仕事だから、いつでもどこでも困ったら電話してこい」と、さまざまな相談に乗っていたものです。私は大家族の家長のようなものでした。

当時は1ドル360円の時代でしたが、パートも含めて全従業員を引き連れて、私のポケットマネ

ーでジャンボジェット機に乗って海外旅行にも行きました。グアムから始まって、ハワイ、米国本土と続けました。

旅行に行く前は、みんなで1年間必死に働いて、帰ってからも1年間無我夢中で働く。そうすることで会社の士気がグングン上がっていったものです。これも私の従業員に対する感謝の気持ちの表れでした。がむしゃらに働き、がむしゃらに遊んだ従業員たちが、その後のエコスの基礎をつくってくれたのです。

第6章

お客様には、商品とサービスで感謝を伝える

1996年10月、たいらや株式公開。目的は、盤石な組織にして次の世代につなぐこと。従業員もうれしい。個人保証も外れた

株式会社たいらや、現在のエコスが日本証券業協会（後のジャスダック、現・東証グロース）に株式を店頭登録したのは1996年10月。私がリヤカーで青果の引き売りを始めてから39年、有限会社たいらや商店を設立してから31年たっての株式公開でした。私が57歳のときでした。

株式を公開すると、周囲の我々を見る目が、やはり違ってきました。まず公開した途端に銀行の担当者がやってきて、「担保がいらなくなったから、担保を全部返します」と言ってきました。大蔵省（現・金融庁）が認めたのだから、もう個人保証はしなくていいと。個人的にはこれが一番大きな変化でした。

もちろん、全従業員を連れて海外旅行にいくなどという、無茶なことはできなくなりましたが（笑）。

ですが、第5章でも触れましたが、この株式公開は私の目的ではなかったのです。あくまで通過点です。会社をもっと大きくして、次は東証二部に、東証一部に指定替えして、どこにも負けない強固で盤石な組織にして、次の世代につないでいくことが最終的な目的でした。

上場は、いわば会社の格を上げることにもつながりました。それは、働いている従業員にとってうれしいことです。会社の知名度や信用力が向上しますから、新たに優秀な従業員や幹部人材の確保もしやすくなります。当然ながら、株式市場から直接資金調達できますし、銀行借り入れの幅も広がります。資金調達の手段が多様化すれば、経営の安定化も果たせます。

私は1984年に有限会社たいらや商店を、株式会社スーパーたいらやに組織変更し、年商が50億円ぐらいになっていたときに、当時専務だった弟の昭男とともに5条からなる社訓をつくっています。

1. 我が社はその販売活動を通じて社会に貢献する。
2. 常に創意工夫と和の精神にたって、社業の発展を図る。
3. 誠実を旨として顧客からよせられた信用にこたえる。
4. 自主性をもち、責任を自覚し、任務を果たす。
5. 優れた社会人としての人材の育成に努める。

これは当社の従業員が、企業人として果たすべき基本的な行動指針、ものの考え方を5つに集約したものです。人材教育のためにも、〝100年以上使える社訓〟をつくろうと考えて出来たものです。

実はこの考えは、私が八百屋を営んでいたころから今日まで思い続けてきたことで、何十年間たってもまったくブレていません。常に私の頭にあって、従業員にも言ってきたことを、改めて言語化したということです。

1984年、株式会社スーパーたいらやに組織変更した際に、当時専務だった弟の昭男とともに5条からなる社訓をつくった。100年以上使える社訓。これは、八百屋を営んでいたころから今日まで思い続けてきたことで、何十年間たってもまったくブレていない（右が私、左は現社長の邦雄）

スーパーの店長の頭の中を変える。データと、実際の店舗運営を見せれば、ダメになった店もみるみる変わる

1999年、株式会社たいらやは、茨城県筑西市を中心に展開し、1990年に日本証券業協会に株式を店頭登録していたスーパー「ハイマート」と合併しました。ハイマートとの合併を機に、たいらやは商号をエコス(Eco's)に改めています。

エコスグループは企業市民として、
資源のムダ遣いをせず(Economical)
環境(Ecology)に配慮しながら
お客様にとってお買い得(Economy)な

商品の提供を心掛ける

そうした姿勢を持ち続けたいと考えています。

そんな思いから付けた商号です。

「〝食〟を通して地域社会と環境に貢献する」という企業姿勢を表した商号でしたが、SDGsやサステナビリティが叫ばれる20年以上も前から、結果としてそれらに通じる商号に変えていたことになりました。若葉をイメージしたエコスのロゴマークも、1989年に、社員の公募で決めたものです。

エコスはハイマートとの合併以降、2004年には、8月に株式会社マスダ、11月に株式会社ヤマウチを連結子会社化しましたが、その後は大型のM&Aは控えてきました。

そのような状況でしたが、満を持して2020年9月、埼玉県で食品スーパー15店を展開する「株式会社与野フードセンター」（埼玉・さいたま市）をM&Aで全株式を買収し、連結子会社化しました。このスーパーは、買収前年度の売上高は約142

億円ありました。ですが、最終損益は約8億6500万円の赤字に沈むなど、深刻な経営不振に陥っていたのです。

与野フードセンターのM&A、および経営再建は邦雄社長以下の経営陣が担当しました。

私はエコスでの最後の仕事として、与野フードセンターの従業員の、再教育の陣頭指揮に立ちました。力を入れたのが、店長を集めての勉強会です。毎週、開催しました。

与野フードセンターは経営状況が芳しくなかったのは確かなのですが、それとは別に、店舗のオペレーションもおろそかだったことが分かりました。このような状況がある場合、店舗のレイアウトを変えたり改装したり、商品の仕入れを変えても、しばらくすると、また元のダメな状態になりがちです。店長の頭の中を変える必要があるのです。

そこで私は、店舗の改装などには1年間一切手をつけず、店長の意識改革に全力を挙げたわけです。

私は与野フードセンターの店長たちにこう言いました。「過去は全部捨ててください。そして私が今から教える平富郎流でやってください」と。

そして私が60年にわたって培ってきた商売に対する考え方、商売のやり方など店長たちには毎週、いろいろなことを話しました。

私が話したことは、実は特別なことではありません。これまで述べてきた、うまい、安い、新鮮、それに品ぞろえの商品力についてです。これに接客サービスを加えて、これらがスーパー経営の生命線だという話です。うまくても高くてはダメ、古くてはダメ。安くてもまずくてはダメ、古くてはダメ。新鮮でもまずくてはダメ、高くてはダメ。

当たり前のことを何度も繰り返して話しました。当たり前のことではあるのですが、「そんなことは分かっている」とは誰も言いませんでした。自分の会社の店が芳しくなかったことは、すべての従業員が知っています。近隣の競合店に負け、平富郎に直接出向かれて、再教育されるのは会社再建のためにはやむを得ないことですから、文句は言えなかったのでしょう。

2020年にM&Aした与野フードセンターの店舗。TAIRAYAとして新しくスタートした。写真はTAIRAYA朝霞三原店

それだけではありません。実際、もし彼らが、「品ぞろえはちゃんとやってきました」と思っていても、私が見ればそうではないことはすぐに分かり、それを指摘すれば、反論はできないのです。

青果、鮮魚、精肉、惣菜、グロサリー、雑貨がどのような割合で売れるか、スーパーには標準的な売上構成比があります。それを見れば、この店は、この売上が低いために、ここに問題があると分かります。標準値に届かない商品は、仕入れ量が少ないため原価が高くなっており、ますます売れません。

与野フードセンターの店長たちは、もし私が、感覚だけで話していたとしたら、納得することもなかったでしょう。ですが、私は数字とデータで問題点を指摘しながら話しているので、次第にみんな納得していきました。

店長の意識改革――。そのための再教育のおかげで、与野フードセンター全体の経営が黒字転換するまであと一歩のところまで来ています。

お客様への感謝は、商品力、店づくりなどすべての行動で伝えるしかない。それも、社長が率先して行動することから始まる

私の人生は、リヤカーで青果物の引き売りをはじめた最初の日から、「お客様の食生活、食文化の向上に貢献したい」と思い、それに挑戦し続けた一生でした。お客様が、私たちがそろえた品物をお買い上げいただけるから、私たちの生活が成り立っているのです。お客様は誰よりも感謝しなければいけない存在です。

ですが私が、お客様へ直接この感謝の気持ちを伝えることは簡単ではありません。どうすればそれが通じるか——。感謝の気持ちは商品を通して、売場を通して、従業員を通して伝えるしかない、と考えてきました。

商品力でお客様のニーズに応え、店舗の設計では、売場がゆったりと広く、天井が

高くて開放感のある、お客様が買物をすることが楽しくなる店づくりを心掛けてきました。店内の清潔さ、駐車場の広さ・使いやすさも熟慮しました。店内の売場では、見やすく、手に取りやすい陳列を心掛け、レジを含めた接客で気持ちよく買物を楽しんでいただく。私たちができることはこれしかないのです。

大きな声で「いらっしゃいませ」という声掛けも、私は率先してやってきました。はつらつとした元気な声掛けが大切だということは、すべての従業員にも伝わり、理解し、実践しています。お年寄りや体の不自由な方、妊婦の方などが大きな荷物を持っていれば、車椅子を用意したり、駐車場までカート押しを手伝ったりと。

私が従業員にやってほしいと思う動きは、すべて自分で先頭を切ってやってきました。私の行動は、お客様、出入り事業者、従業員に見られています。片時も手を抜くことなくやり続けてきました。その私の姿を見ることで、お客様への心遣いの大切さなどが、すべての従業員に自然と浸透していったと思います。

エコスは現在、グループで「エコス」「たいらや」「マスダ」「ヤマウチ」「TAIRAYA」「フードガーデン」「ワイ・バリュー」の7つのブランドを持っています。これらのブランドを「エコス」に統一することは、今のところ考えていません。お客様やその地域に長年親しまれ、愛されてきたブランドを変えることは、必ずしもお客様の利益にかなうと思っていないからです。

仕入れの目利きは、長年の経験の中で養われる。極上品とリーズナブルなものの仕入れバランスも腕の見せどころ

ここで改めて商品力の話をもう少ししておきたいのですが、品ぞろえはお客様の食生活、食文化の向上に貢献するために必要なものの1つです。私が自分で仕入れをやっていたころは、品ぞろえは失敗したらもうおしまい、と必死で目利きをして、お客様の期待に沿えるよう商品を探していました。

「うまい」ものを用意しようとするとき、私やバイヤーや店の販売員がおいしいと感じるものが、一概に「うまい」ものではありません。お客様が買って食べたときにおいしいと感じるものが「うまい」ものなのです。ですから、私はお客様がおいしいと感じると思うものを見つけることに命懸けでした。

特に生鮮食品については、お客様に買っていただける商品をどのように探すのか、商品のどこを見て判断するのかと、いろいろな人から聞かれますが、それは体を張って、生涯をその仕事に命を懸けた人間でないと分からない、としか言いようがありません。禅問答のように聞こえるかもしれませんが、実際にそうなのです。

自分で「これは！」と思って仕入れて売って、失敗して損をするという経験を何度も繰り返してきました。最低でも20年はやらないと覚えられない、身に付かないものなのです。

もう少し具体的に言うとすれば、例えばミカンです。

同じ産地、同じ種類のミカンが目の前に10個あったとします。20年目利きを続けていると、その1つ1つの糖度が見ただけで分かるようになります。とはいえ、とにかく甘いミカンが売れるというわけでもないのです。味わい、香りといった風味、持ったときの感触、見た目の良さなど、お客様の五感に「うまい」と伝わるものでないと売れません。長年目利きをしていれば、甘さだけでなく、お客様に買っていただける、形や大きさ、色づきなどの微妙な違いが分かるようになる、というわけです。

もっと言えば、同じミカン畑から採れたミカンでも、山のてっぺんより麓に近いところに植えられている木から採れたミカンのほうが「うまい」。同じ木から採れたミカンなら、下のほうになっているミカンより、太陽に近い上のほうになっているミカンのほうが「うまい」。2月になれば、この地方のミカンが「うまい」。3月だったらここのミカンが「うまい」といったことも、分かるようになります。

感覚的なことを言っていると思われるかもしれませんが、そうではないのです。20年一所懸命やっていれば、自然と分かるようになる、理屈抜きで自然と身に付くものなのです。リンゴだってブドウだって全部同じです。

お客様に買っていただける、という視点でもう少し述べるとすれば、ミカンもそうですが、こと果物の場合、お客様の五感のうち、見た目は非常に重要です。果物の見た目は「特」「秀」「優」「良」「可」などがありますが、特、秀から売れていきます。では、仕入れるのは特と秀だけでいいのかとなると、これも違うのです。

当然ですが、特・秀は仕入れ価格が高く、量も多くありません。優や良、可は仕入れ価格が安いですから、安く提供できます。そのようなランクのものも仕入れる必要があるのです。特・秀とその他の仕入れのバランスをどうするか、これも腕の見せどころ、というわけです。

今は青果、鮮魚、精肉、惣菜、グロサリー、雑貨など各部門のマネジャーに仕入れと品ぞろえのすべてを託しています。マネジャーは、私が社内で育て上げた人だったり、他社からの転職者を育て直した人たちですから、100％信頼しています。そして、マネジャーはバイヤーに任せて品ぞろえをします。バイヤーもみんな長年、この分野で経験を積んできた人たちですから、私と同じように自然と目利きの能力が養われています。

愚直に毎日、店舗運営する中、求められる商品とサービスでお客様に感謝を伝えてきた

お客様の目は怖い。なぜならお客様の目こそ、正確で正しいからです。

私の人生は、お客様から教えられる日々の連続だった、と言っていいかもしれません。先ほども少し触れましたが、私が「これはいい」と思って品ぞろえして、目立つところに陳列して、試食もしてもらって、安く買ってもらおうと値付けしても、お客様が買ってくれないことは何度もありました。

この品ぞろえのどこが悪かったのか。私の思っている「うまさ」とお客様の思っている「うまさ」はどこが違うのか。この値段でなぜ買ってもらえなかったのか、などなど。思うように売れなかった日は、帰りのクルマの中で反省するばかりでした。

お客様の食生活、食文化の向上に貢献するためには、商品力を高め、サービスを徹底して、お客様に商品を買っていただいたら、そこで私たちの仕事はおしまいかというと、そうではありません。おいしく食べていただいて、そこで初めて私たちの仕事は終了します。ですから、料理のレシピを用意して、商品の棚などに置いておくことも私たちの仕事になります。

第5章で触れた当社の社是と、この章の冒頭で挙げた5条からなる社訓。従業員が、このエコスの考え方を胸にお客様に接すれば、エコスの思いは確実にお客様に伝わります。言葉だけでは伝わらない感謝の気持ちは、こうやって伝えてきたつもりです。エコスの思いが、商品や従業員を通して多くのお客様に伝わり、得をして、喜んでいただけたから、エコスはここまで大きくなれたのだと思います。

私はもう毎日店頭に立っているわけではありませんが、私の思いは、商品とすべての店舗の売場と、レジを含めた従業員の接客に表れています。お客様に私の思いを伝える近道などありません。愚直な努力を続けて店舗を毎日運営することで、生涯伝え続けていく必要があると考えています。

地域貢献もお客様への感謝につながる。困っている子供たちに食品を無償提供。今後はもっと広い貢献も考えています

この章の最後に、もう一言だけ、記しておきたいと思います。

社是の「正しい商売」の考え方の中で、お客様の得することを実行する、という項目がありますが、お客様の得することとして、店舗のある「地域社会に貢献する」ことも大切だと考えており、古くから続けています。

地域のお祭りや盆踊り、あるいは運動会など、地域の行事にはいつも率先して参加し、協力してきました。お客様が暮らす地域の行事に協力することは、その地域で商売させていただいている我が社にとって、私たちもその地域の一員として当然のことだと思っています。

お祭りで、神輿《みこし》が店の前を通れば酒を振る舞い、子供たちには菓子や果物を出したりしてきました。盆踊りなどでは店名の入った協賛提灯《ちょうちん》を出すことも欠かしません。運動会でも、さまざまな協賛をしてきました。

第2章で触れた東京都の民生委員を何年間か務めました縁で、今から10年ほど前から は、私個人の立場で子供たちへの支援活動も続けています。

これは立川市、八王子市、昭島市の3市に暮らすひとり親家庭など、貧しい生活を送っている子供たちに食料を無料で届ける活動です。

最初、立川市の現役の民生委員から「食べるものに事欠く子供たちが大勢いる。民生委員にはわずかな活動費しかなく、助けてあげたいができずに困っている」という話が私のところに来たことがきっかけでした。そういうことであれば、私のポケットマネーでできることだし、助けてあげようと思って始めました。

私も、戦後に貧しい少年期を過ごしました。世の中はずいぶんと豊かになりましたが、今の時代も貧しい子供たちが大勢いるのです。子供には何の罪もありません。にもかかわらず、子供たちの中には、ひもじい思いで日々暮らしている子がいます。私

10年ほど前から、貧しい生活を送っている子供たちに食料を無料で届けている。私も、戦後に貧しい少年期を過ごした。今の時代も貧しい子供たちが大勢いる。写真は、届けている食品例

は定期的に食料を民生委員に届け、そこから各家庭に配ってもらっています。

その後、昭島市、八王子市の民生委員からも請われ、私たちが地域貢献できる地域が広がっています。立川市は私が生まれ育った市ですし、昭島はエコスの本社がある市、八王子市はエコスが5店舗も出店しているという縁で、この3市で活動を続けています。

地域貢献は、地域の一員として、お世話になっているお客様への感謝につながると考えていますが、今後

は、もっと広く国民的な視点で、困っている人を助けるという意識を持つことも大切な時代だと思っています。

終章

おわりの言葉に代えて

成功確率20〜30%で出店をしてきた。頭を使い少し努力すれば可能性は50%に。競合との戦いは、社長対社長、店長対店長

私はスーパーマーケット業界に参入した当初、「山間へき地のパイオニア」と呼ばれていたのは、第4章で紹介しました。他社が出店している都市部を避けて、人家がまばらにしかない山あいや、人里離れた地区を中心に出店していたからです。M&Aでの買収を始めてからは、経営破綻した大手・中堅スーパーは、大手が持っていったため、中小スーパーの案件しか対象にできませんでした。

ですが私は、自社の新規出店でも、M&Aでも、成功する可能性、再建できる可能性が20%ないし30%あると判断したら、迷わずゴーサインを出してきました。それが平富郎流の経営判断です。

成功の可能性が20〜30％あれば、頭を使い少し努力すれば、すぐにその可能性は50％まで高まります。50％を超せば、あとはもう一息集中して頑張れば、成功確率は100％に達します。

山間へき地、中小スーパーマーケットのM＆Aが一巡した後は、大手スーパーがすでに進出している街でも、積極的に出店していきました。日本国中、大手から逃げていては出店するところなどどこにもありませんでした。

スーパーの競争に大小は関係ないのです。自分たちが幸せにできるお客様を増やしていくには、かまわず打って出ました。要は、社長対社長の、店長対店長の、青果、鮮魚、精肉、惣菜、グロサリーの各主任対主任の1対1の戦いなのです。

規模の大きさは、お客様には関係ありません。どっちの果物がうまいか。どっちの魚の鮮度がいいか。どっちの肉がうまいか、なのです。そこにある食材や食品が、うまいかまずいか、安いか高いかで決まっていくのです。こういう原理原則を私は知っていましたから、エコスは成長できました。

お客様に最も喜んでいただけるのは安さ。並のスーパーではしないことを実行し、お客様の幸せを実現する

うまい、安い、新鮮、品ぞろえの商品力の中で、お客様に最も喜んでいただけるのは、やはり安さです。なぜエコスの商品は安いのか——。安くするために、商品を大量購入してスケールメリットによって仕入れ値を下げているのはもちろんです。ですが、これはどこのスーパーでもやっていることです。

では、どこで差をつけて、他店より安く提供しているのかといえば、エコスは他店より経費をかけていないのです。第5章で述べた、会社の本部を立派にしないこともそうです。ほかにも例えば、意外に大きな経費がかかるのが新聞の折り込みチラシ。エコスは漸次、計画的に折り込みチラシの枚数を減らしてきました。

これを毎週のように実施しているのが普通のスーパーです。私たちが、特に得してもらいたい対象は、お客様と出入り事業者、それに地域社会です。経費は無駄には使えません。

チラシには「今週の特売」情報が掲載されるのが一般的です。チラシを作ると、店内の特売品の棚や特設コーナーには、その商品がチラシで謳《うた》っている特売商品だと知らせるためのポップも作って、貼る必要があります。これにも経費がかかります。現在は、原則として定期的な折り込みチラシは作っていません。

エコスはできるだけ特売に頼りません。なぜなら、多くの商品を他のスーパーより安く売る努力をしているので特売をやる必要がないのです。特売をやりませんから、特売コーナーに張り付いたり、品出ししたりするための人件費もかかりません。

エコスの商品の価格が安いことは、チラシがなくてもお客様はみな知っています。実際に長年にわたって安く売ってきましたから、お客様もちゃんと分かっているのです。

チラシを作らないで、新たに入荷する新商品や季節商品の告知はどうしているのか

チラシには「今週の特売」情報が掲載されるのが一般的だが、エコスグループでは、原則として定期的な折り込みチラシは作っていない。特売をやらないから、特売コーナーに張り付いたり、品出ししたりするための人件費がかからない。季節商品などの告知は、店内に「商品案内」を置いている

といえば、お客様が、レジで精算が終わった後に品物をカゴから袋に移し替えるサッカー台等に、新商品や季節商品情報を掲載した「商品案内」を設置してありますので、それで知ることができます。

各店長も、この方針をよく理解していて、折り込みチラシを作りたいという店長はいません。むしろ、チラシを作らないことは、普段何かと忙しい店長にとってうれしいことです。折り込みチラシを始めると、チラシに

合わせた売場づくりの仕事が増えます。

ちなみに、一度、チラシを作って配ってしまうと、お客様はエコスもチラシを配るようになったのだな、と認識しますので、途中でやめるわけにはいかなくなるでしょう。

私は八百屋時代から、年中、創意工夫の連続でここまで来ました。競合がやらないことをやれば、競争は楽になります。競争相手が多く存在している市場を指す「レッドオーシャン」、反対に競争相手がほとんどいない市場を指す「ブルーオーシャン」という言葉がなかったころから、私はこの世界で勝ち抜くために、晴天の海のように見えるブルーオーシャン状態をつくってきたのです。

清水信次さん、川野幸夫さん、上地哲誠さん、夏原平和さん…尊敬できる同業の経営者と出会えました

私は、ずいぶんと長くスーパーマーケット業界にいたおかげで、多くの同業他社の経営者と出会ってきました。多摩経営研究会以来の仲間もいれば、セルコで知り合った全国の中堅・中小スーパーの経営者もいたし、大手スーパーの経営者とも出会うことができました。

私は〝スーパーマーケット冬の時代〟に参入しましたから、いい場所は先輩たちに取られていて、経営不振に陥ったスーパーマーケットを集めるしかなく、先輩のみなさんよりいくぶん苦労しました。ですが、この業界に参入して、間違わずに正しく努力してきた人たちは、私も含めてみな成功しています。

そんなみなさんはライバルではなく、同じ商売で長年切磋琢磨してきた仲間だという気持ちを強く持っています。みなさんを尊敬していますし、尊敬できるみなさんと出会えたことに感謝しています。ここに、思い出深い、何人かをご紹介しておきたいと思います。

まずライフコーポレーションの清水信次さんですが、彼は私より13歳年上で、戦争経験のある方でした。私も清水さんも裸一貫からのスタートは同じですが、清水さんは戦争に行っているだけ、私より肝が据わっていました。

戦後、闇市で食べ物を売ることからスタートして、食品の流通・販売の道に入った人でした。政商ともいわれましたが、彼からは人間の生き方、男の生き方を教わりました。

今や大企業になっているヤオコーの礎を築いた川野幸夫さんは私より3歳年下です。彼は私と違って東京大学出で、弁護士になるつもりのようでしたが、小売業の頑張りが国民生活を豊かにするとの思いから、家業のヤオコーを継いだと聞いています。

息子さんもお父さんと同じ東大に行かれています。川野さんは私と同様、派手な遊びなど一切やらない本当に真面目な方で、生き方に共感できて尊敬してやみません。私が妻とゴルフを始めたのも、川野さんが奥さんとゴルフを一緒にやっていると聞いたことがきっかけです。

沖縄のサンエーの上地哲誠さんも尊敬する経営者です。彼は私より10歳年下です。食品スーパーの経常利益率は3％でよしとされますが、サンエーは5％を超えた経常利益率を維持しています。

私たちは、仕入れ、配送、商品開発などは仲間のスーパーなどと共同で行うことができますが、沖縄では、それは簡単ではないようです。彼らは、それらの多くを自社で担っておりました。その点で、上地さんは総合流通業を経営されているわけです。何度も上地さんに会いに沖縄に行きましたが、彼も大変真面目な方でした。

滋賀県を中心に総合スーパーと食品スーパーの両方を展開する平和堂の夏原平和さんも尊敬する経営者です。彼は私より5歳年下で、彼の父親が創業した平和堂を継いだ2代目です。

バブル崩壊後、総合スーパーが軒並み不振に陥る中で、いち早く業績を回復させました。彼の生き方、商売の仕方、偉ぶらないところなど、すべてが勉強になりました。
２０２１年に77歳の若さで亡くなられたことが残念でなりません。

一所懸命に働くことは、会社のため、
仲間のため、自分自身のためでもある。
お客様も幸せにして、自分たちも幸せに！

私は、我が社がまだ株式公開前、年商約78億円だった１９８７年11月の店長会議の資料に、次の一文を記しました。
「店舗の大・小や設備の新・旧で多少労働環境の違いがあっても、我ら全員は一体なのです。そしてお互いの生活をみんなで保証し合っているのです。自分が一所懸命に働くことは、会社のためであり、仲間のためであり、そして自分自身のためなのです、

これまで、さまざまな賞や感謝状をいただいてきた。その中で一番うれしかったのは、2005年に受賞した「食品産業功労賞」。お客様の食生活と食文化の向上に貢献することだけを願って邁進してきた私にとって、その努力が認められた思いだ

ですから1人の不幸は全員で分け合わなければいけないのです。部門、店、会社にある目標は、全員が幸福になるための道しるべなのです。この目標に力いっぱい進むことが、幸福への一番の近道なのは言うまでもないことなのです」

今でも私の考えは、このときと同じです。

私はこれまで、さまざまな賞や感謝状をいただいてきました。その中で一番うれしかったのは、2005年に受賞した「食品産業功労賞」（農林水産省後援、日本食

糧新聞社制定）です。この賞は、食品産業の発展に寄与した功労者を毎年選出するものです。

スーパーマーケットの経営者の中では、ライフコーポレーションの清水信次さん、ヤオコーの川野幸夫さんも受賞しています。これまで長年にわたって、お客様の食生活と食文化の向上に貢献することだけを願って邁進してきた私にとって、その努力が認められた思いの受賞でした。

これも、私を支え導いてくれた、お客様、従業員、出入り事業者、諸先生方、同業の経営者の方々、そして家族のおかげです。みなさまにいま一度、感謝申し上げます。

INTERVIEW

エコス社長
平 邦雄氏に聞く

何より挑戦するパワーがすごい。会社が成長することに集中していた

――この書籍では、エコスの平富郎名誉会長が、長年取り組んできたことをつづりました。2022年の5月には、平富郎さんの代表権が外れ、2023年の5月には、取締役会長執行役員を退任され、息子さんである邦雄社長に、完全に経営のバトンが渡された格好。このタイミングでの出版は、邦雄社長にも言い残しておきたいことが満載のはずです。

そこで邦雄さんの、富郎さんの人物評、エコスを引き継いだ邦雄さんは今後どうされていきたいのかなど、この書籍に寄せての思いをここに収録します。まず、平富郎名誉会長は、どのような会社をつくってきたと考えているか、そこから話を広げていきます。

平邦雄社長（以下、平社長） 私が小さかったころ、当時八百屋を経営していたころからですが、会長に言われていたのは「社会の役に立つ人間になりなさい」ということでした。社会に貢献する人間になれと。

会長がエコスグループを通じて目指したのも、社会に貢献できる企業をつくること、だったと思います。

実際、お客様に喜んでいただける商品を提供し、継続的に税金を納めることができる企業になりました。国家の運営のために税金を納めることは、私たちが実行すべき社会貢献の1つだということも父から教えられました。

国に税金を納めることについては、子供のころからさんざん聞かされていましたから、自然とそういうものなのだろうと思うようになりました。会長はそれを会社でも言い続けて、従業員にも浸透していったと思います。

また我が社は、会長が八百屋時代から従業員と家族同然に接して、個人的な悩みを聞いたり相談に乗ったりする〝家族運営会社〟でしたので、従業員と共に成長していく会社をつくり上げたとも思っています。

――お客様に喜んでもらえる会社とのことですが、具体的にはどのように喜んでもらえる会社になっているのでしょうか。

平社長　当社は食品スーパーですから、お客様にトマトやキュウリなどの青果、サンマやマグロなどの鮮魚、牛肉や豚肉などの精肉、さらに惣菜、各種食品、菓子など、安全安心な商品を安く提供することが、私たちの務めです。そして、お客様がエコスで安全安心でおいしいものを安く買えて、おいしく食べられてよかった、得をした、と思っていただけるように努力しています。

――富郎さんはこの書籍の中で、ステークホルダーとの関わりについて、詳しく述べています。エコスの、お客様や出入り事業者との接し方について、邦雄さんからも、どのようなものなのかご紹介ください。

平社長　昔、スーパーマーケット業界では、「お客様はすべて100%正しい」といわれたものでした。私が新卒でダイエーに就職した30数年前は、そんな言葉が当たり前のようにささやかれていました。

当時のダイエーの中内㓛社長は、今のソフトバンクグループの孫正義会長兼社長のような印象で、業界の革命児、時代の革命児といわれていました。その中内さんでも、「お客様は大切にしなさい」と常々おっしゃっていました。

それが今では、「お客様、お取引先様と一緒に考える」時代に変わってきています。それを推進するには、今まで以上にお客様、お取引先様との関係を密にして、情報交換して情報を共有しないといけないと考えています。これからもそうした動きを力強く推進しようと思っています。

私たちは、お客様とお取引先様のご支援、ご協力があって、はじめて商売ができます。しかも、お取引先様とは、共に成長しませんと、我が社も成長することはできないのです。今や共生してやっていく時代です。お取引先様と共に、どうすればお客様にとって良い商品が提供できるかを一緒に考え、一緒に商品を作り、一緒に販売する。そういう時代に世の中は変化していると実感しています。

――邦雄さんはダイエーで修業され、エコスに入社しました。大手からエコスに入社したときの最初のエコスの印象はいかがでしたか。

平社長　当時のダイエーは、小売業で初めて中内さんを経団連の副会長にするほどの勢いがある会社でした。本当に立派な会社だと思いましたし、私自身も大変お世話になりました。今でもダイエーグループ出身で、流通業界で活躍されている方がたくさんいらっしゃいます。

対して当時のエコスは、規模はダイエーの数百分の一でしたが、従業員が伸び伸びと仕事をしている活気があるいい会社でした。そこは先ほど言った通り、父がつくり上げた家族主義的な社風が大きかったと思います。

もちろんコンプライアンスは大事です。徹底しなければいけません。と同時に我が社の経営は、従業員の経験年数が持つリアルな力に大いに支えられているのも事実です。当社は今でも、現場主義的な会社であることは間違いありません。個店に行くと、やはり店長は社長なのです。本部の部長だと、上に役員や社長がいますが、個店では店長の上に上司はいません。

——邦雄さんも店長を経験されています。

平社長 私は築地店（東京・昭島市）で店長を務めました。偶然にも、私の息子もその店で店長をやっています。

私はこの会社で店長を経験する前に、ダイエーグループで外食店の店長をさせていただきました。外食もスーパーも、店長業務は基本的には一緒です。店の管理、人の管理、商品の管理、そしてお金の管理。管理は、当然苦労がつきものですが、やりがいもあります。店長の場合は結果が数字で出ますから、いい数字が出れば楽しいものです。

店長時代はダイエーでもエコスでも、職場の仲間に恵まれました。エコスでは、私が店長だった20数年前に入っていただいたパートのみなさんの多くが、今も現役でいらっしゃいます。これは本当にありがたいことです。

もちろん、従業員のことで苦労したこともありましたし、逆に私がみなさんに迷惑をかけたこともあります。ですが、苦労の大きさと成功したときの成果の大きさは同じだといいます。苦労があってもその分頑張ればいいのです。成功したときは自信が付くだけで、失敗するとショックは受けますが、実力は必ず上がります。どっちに転んでも一所懸命やっていれば損することはない、と思っています。

こう考えるようになったのには、理由があります。実はこの会社、私の代になってからも窮地に陥ったことがあります。

原因は2011年の東日本大震災です。あの震災でエコスグループ全体の7割の店舗が被災しました。中でも茨城県以北の店舗は電気が止まり、水が止まり、店を開けられず、売上が立たない状態でした。震災直後は携帯電話がつながらず、従業員の安否もつかめませんでした。

震災後、最初に行った店舗は、茨城県土浦市の新治《にいはり》SC店でした。翌日になんとかクルマで駆けつけたのですが、店内の陳列棚はすべて倒れ、空調もみな落下している状況でした。この店舗は茨城県で最も南に位置する店舗ですので、ここから北の店舗に行けばいくほどひどい状態であることが察せられました。

その危機を乗り切ることができた原動力が、一所懸命に働いてくれる従業員の力だったのです。

ガソリンが手に入りませんから、各店とも従業員はみな家に帰れません。水も止まっていますからトイレも使えない。そんな中で、店長をはじめ従業員のみんながクルマで寝泊まりしながら店内を片付け、営業を再開してくれたのです。電気も来ない水道も出ない中で、売れる商品は店頭に引っ張り出して販売し、賞味期限が迫っているものは無料で配りました。この経験は、従業員の、我が社の大きな力になっています。

私など世襲で社長をさせていただいているだけの二代目社長です。会社を助けていただき、会社の命を救っていただいた従業員のみなさんには、ご恩返ししたいという気持ちで今もいっぱいです。

――従業員のみなさんには、M&Aでエコスグループに入ったスーパーの従業員も数多くいます。被災後、その店舗の従業員も辞めずに営業再開に奮闘された。もともとエコスは離職率も低いとのこと。

平社長　理由は2つあると思います。1つは経済面です。M&Aによって待遇が良くなったケースもあります。生活者である従業員にとって、経済面はとても大切な問題です。

2つ目は、エコスグループではM&Aでグループに入ったスーパーの運営を、ほとんど既存の幹部や従業員に任せているということです。社長にはエコスの幹部に就いてもらうこともありますが、その他の人事配置はほとんど替えていません。ですから、伸び伸びと仕事ができるのではないかと思っています。

エコスで中核となる子会社は「たいらや」の商号で営業していますが、ここの社長は私の姉が担当しています。親会社の社長と、子会社の社長といっても弟と姉の関係です（笑）。

買収した企業の従業員の方の中には、今でもエコスが乗り込んで来たと思っている人もいると思います。心情的には時間が解決しなければいけない部分もあるでしょう。ですが、グループに入った企業の方々も、私たちと一緒に頑張って立て直そうと大変努力されています。そうした努力をいとわない人たちが多いことも、離職率の低さにつながっていると思います。

――M&Aもそうだと思いますが、平会長は成功の可能性が20～30％あれば、実行に移すとしています。今はどうなのでしょうか。

平社長　今は、株主は会長1人ではなく2万人を超えますから、そうしたリスクの高い決断はできません。逆に、失敗の可能性が20％あれば、それを極力ゼロに近づける努力をしてからでないと、私は挑戦できません。

会長の性格は上向き、外向き、前向きですが、私は下向き、内向き、後ろ向き(笑)。親子でありながら正反対です。ただ、同じではないからいいのだと思っています。創業者は何をやってもいいのです。創業したのですから。ですが二代目は、創業者と同じ権力を求めたり、同じ力を求めたりしてはダメです。力などないのですから。

――富郎さんの時代と現代とでは、同業他社と競うだけでなく、コンビニやドラッグストア、ネット通販などが現れてきて、スーパーマーケットを取り巻く環境が大きく変わっています。経営も変わりましたか。

平社長　いつの時代も商売が楽な時代などありません。昔は昔で、今にない苦労があったはずです。苦労の項目が違うだけで、努力しなければ成果はつかめないと思います。これからも、今まであった苦労はなくなるかもしれませんけれど、今までになかった新しい苦労が出てくると思います。それはその次の世代でも同じです。

今だから楽だとか、将来は楽になるとか、逆に将来が暗くなるとかではなく、すべての企業はその時代に対応しなければいけません。ですから私も、その努力だけは絶対にしようと思います。何より私は二代目ですから、二代目で潰れたと言われたくありませんので（笑）。

今、当社の特徴的な取り組みとして、店舗から出る食品残渣《ざんさ》を再利用して、果物やお米を作ったり、豚を育てたりしています。そうやって作った商品を店舗で販売する循環型農業、循環型畜産を、かれこれ25年ほど前から実施しています。お客様にも非常に高い評価をいただいている取り組みで、エコスファンの獲得、継続にもつながっていると思います。

私が社会人になったころは、「企業も環境問題に力を入れたほうがいい」といった程度の時代でした。ですが、今では環境対応がマストです。最近は、ＳＤＧｓ（持続可能な開発目標）やＥＳＧ（環境・社会・企業統治）もマストになり、そういう意味では、企業が社会貢献のために苦労する項目は目まぐるしく変わっています。

――冒頭で、富郎さんに「社会の役に立つ人間になりなさい」と言われたとのことでしたが、ほかに忘れられない言葉はありますか。

平社長　私が幼稚園児か小学生だったときに、会長に「お父さんの給料はどうやって決まるの？」と聞いたことがありました。すると会長は、「俺の給料は社会が決める」と答えました。当時は何を言っているのか分かりませんでしたが、今は分かります。「社会への貢献度」で決まるということです。経営者ですから当然のことだと思います。

私は子供のころ、会長に「勉強しろ」と言われたことは一度もありません。「社会の役に立つ人間になれ」という話も、具体的にどうしろと言われたことはないのです。

会長は言葉で細かく指示を出すタイプではありません。会社の経営スタイルも、普通の会社から見たらびっくりするような、完全な創業者マネジメントです。現状に留まらず、常に前を向いて進んでいくタイプです。

会長のすごみは、息子から見るとやはり創業者だということに尽きます。創業者として本当に立派だと思います。何より挑戦するパワーがすごい。先ほどの、20％の可能性があったら挑戦する、ではないですけれど、会長は会社が成長することにどんどん力を費やしていきました。

それに対して二代目は勇気がないものですから、無借金経営をしようとか、経常利益や収益性をあげたいと、そちらに力を使おうとしてしまいます。しっかりと前を向いて、成長戦略を描かないといけません。「平家よりも従業員を大切にしろ」の一言も常に肝に銘じています。これは本当に正しいことだと思っています。

会長の教育スタイルは「俺の後ろ姿を見て学べ」タイプでした。会長が言うには、「部下という者は上司が口で言ったところで聞くわけがない。ただ上司がやっていることは見ているからその姿を見せればいいのだ」と。本当に会長の言う通りだと思い

ます。
昔は、私に経験がないため、会長の言っていることで理解できないことが多くありました。それでも会長の背中を見ながら5年、10年、20年たって、50歳を超えてようやく分かるようになったことがたくさんあります。

——今になって分かった言葉がほかにもあればご紹介ください。

平社長　会長がよく言っていたのは、父の持論でもありますが「大企業に学ぶことはない。中小企業、地場産業の時代だ」ということです。そう言いながら、大企業から幹部社員をスカウトしてきて、その幹部がいる前でそんなことを言っているのですから、最初は何を言っているのだと思っていました（笑）。

　ですが本当に、私たちの業界は、会長が言う通りに変わりました。もちろんお客様を大切にすることが前提ですが、人手不足の今の時代に、従業員のみんなが活躍できて、健康に働けて、生涯設計が描けるような会社でないと生き残っていけません。

　半面で、これに関連して思うのが、私どもの業界は、完全にドメスティックですから、業界の改革や革新が遅れがちな部分があるということです。自動車業界のように、外国勢と世界で戦うために改革を繰り返すという部分がありません。

　例えばコロナ禍は、外食産業やホテル業界は苦難の連続で、それを乗り越えるために多くの改革をされたと思います。しかし、スーパーマーケット業界は「おうち需要」の拡大で、私もこれまで経験したことのない、追い風が吹き続けました。

　それが、コロナ禍が終わりつつある今、苦労された業界に比べると、スーパーマーケット業界は絶対的に改革が遅れています。これから暮らしが正常化していく中で、改革を進めた外食産業やホテル業界との競争が再び始まったときに、私たちがコロナ禍でやってきたことが、これからもうまくいくかどうか、頑張らなければならないときだと思っています。

――最後に、将来エコスをこういう会社にしたいという思いをお願いします。

平社長 スーパーマーケットは米国が発祥で、日本のスーパーは米国のスーパーを学んでスタートしたと思います。私は米国留学の経験があるのですが、米国にいるときは、10年、20年先の日本のスーパーがこうなるだろう、と思いました。

米国のスーパーの売場を歩いていると、「私はこの店で働いていることに誇りを持っています」という従業員が何人もいます。我が社の従業員も彼らのように胸を張ってもらえたらいいなと思いました。そうした姿は、視察旅行で1週間行ったのでは見ることはできません。4年間住みついてあちこち見て回って、初めて見られた姿でした。

私は、従業員が親子三代で働きたいと思える会社にしたい、と考えているんです。我が社には親子二代で働いている従業員がたくさんいます。親が子供に就職先としてエコスを推薦していただけるのは、社長として本当に涙が出るほどうれしいことです。

もちろん企業ですから、経常利益は大事です。しかしそれ以上に、スーパーマーケット業界は従業員の定着率が課題になっています。この業界は労働集約型産業であるため、一般に転職率は高くなります。そうした中で、ひと家族でも多く親子三代で働いていただける方が増えてくれることを願っています。

親子三代で働いて、エコスで買物をすることで、環境活動にも貢献できる。そういえるスーパーにします。そうなれば従業員も幸せを目指していきます。それが私にとっての理想の会社です。

株式会社エコス名誉会長

平 富郎（たいら　とみお）

1965年12月　有限会社たいらや商店設立　取締役
1975年7月　同社代表取締役社長
1984年9月　同社を株式会社に改組し株式会社スーパーたいらや（現株式会社エコス）設立、代表取締役社長
2002年11月　同社代表取締役会長
2022年5月　同社取締役会長執行役員
2023年5月　同社取締役執行役員（退任）、同社名誉会長

感謝

5坪の八百屋を100店を超えるスーパーに育て上げた、
不屈の創業者からの伝言

2023年11月13日　第1版第1刷発行

著　者	平 富郎
発行者	北方 雅人
発　行	株式会社日経BP
発　売	株式会社日経BPマーケティング
	〒105-8308　東京都港区虎ノ門4-3-12
編集協力	原 武雄
撮影写真	清水 真帆呂
装丁・本文デザイン	中川 英祐（トリプルライン）
印刷・製本	図書印刷株式会社

本書籍に関するお問い合わせ、ご連絡は下記にて承ります。
https://nkbp.jp/booksQA

ISBN 978-4-296-20228-7 Printed in Japan